# 运动健康理论与实践研究

萨如拉 著

中国纺织出版社有限公司

## 内容提要

本书以运动促进健康的原理为核心,通过理论结合实践进行较深入研究。全书以运动与健康为主线,比较系统地阐述了运动健康的背景与内容,探讨了运动健康的重要性,分析了运动锻炼对人体生理健康的影响,研究了运动健身的原则与方法,讲解了常见的运动方式,并提出大学生应有效地进行体育锻炼,社会也应积极开展全民健身活动。全书注重理论与实际相结合,关注运动与健康前沿问题,论述观点明确,分析较为透彻,希望本书有助于读者提高理论素养,拓宽视野,对运动健康有更深入的了解。

### 图书在版编目(CIP)数据

运动健康理论与实践研究 / 萨如拉著. —— 北京:中国纺织出版社有限公司, 2023.9
ISBN 978-7-5229-1107-6

Ⅰ.①运… Ⅱ.①萨… Ⅲ.①运动保健-研究 Ⅳ.①G804.3

中国国家版本馆 CIP 数据核字(2023)第191062号

责任编辑:张 宏　　责任校对:王蕙莹　　责任印制:储志伟

中国纺织出版社有限公司出版发行
地址:北京市朝阳区百子湾东里 A407 号楼　邮政编码:100124
销售电话:010—67004422　传真:010—87155801
http://www.c-textilep.com
中国纺织出版社天猫旗舰店
官方微博 http://weibo.com/2119887771
天津千鹤文化传播有限公司印刷　各地新华书店经销
2023 年 9 月第 1 版第 1 次印刷
开本:710×1000　1/16　印张:12.25
字数:156千字　定价:98.00元

凡购本书,如有缺页、倒页、脱页,由本社图书营销中心调换

健康一直是人们关注的首要问题。近年来,我国经济社会的高速发展,社会自动化、信息化给人们工作、生活方式带来的巨大变化,加上生态环境的不断恶化,使得健康问题更为突出,引起了各国政府的高度关注。

运动与健康息息相关,许多健康问题都是运动不足导致的,"运动是良医"。然而,在现实生活中,人们对运动与健康还存在许多误区:一是认识上的问题,人们漠视运动对健康的作用;二是健身不科学的问题,盲目、不科学的运动也导致了许多健康问题的出现。鉴于运动与健康出现的理论和实践问题,本书对此加以系统的阐述。

本书共分为六章。第一章概述了运动健康背景,第二章研究了运动与生理健康,第三章讲了运动健身的原则与方法,第四章指出了常见的运动健康方式,第五章对大学生运动健康促进进行了研究,第六章分析了健康中国与全民健身运动。

本书在撰写过程中,参阅和借鉴了国内外许多专家、学者的研究成果和资料,在此向其作者表示诚挚的谢意。由于运动健康科学内容广泛,涉及学科众多,发展迅速,加上著者的水平有限,时间仓促,书中不足之处在所难免,恳请广大读者批评指正。

著 者
2023 年 7 月

# 目　录

| 第一章 | 运动健康背景概述 | 001 |

第一节　"健康中国"的内涵 …… 001
第二节　运动健康型社会的内涵 …… 006
第三节　运动健康型社会的建构 …… 011

| 第二章 | 运动与生理健康 | 023 |

第一节　有关健康的理论 …… 023
第二节　运动锻炼的生理学基础 …… 028
第三节　运动锻炼对人体生理健康的影响 …… 039

| 第三章 | 运动健身的原则与方法 | 049 |

第一节　运动健身的原则 …… 049
第二节　运动健身的方法 …… 059

| 第四章 | 常见的运动健康方式 | 073 |

第一节　有氧运动与健康 …… 073
第二节　无氧运动与健康 …… 079
第三节　有氧与无氧混合代谢运动健身 …… 087

| 第五章 | 大学生运动健康促进 | 095 |

第一节　大学生体育锻炼促进健康的理论 …… 095
第二节　运动对大学生体质健康的促进 …… 102
第三节　运动与大学生心理健康促进 …… 116
第四节　大学生运动健康促进运动处方 …… 134

第六章　健康中国与全民健身运动 …………………………… **159**
　　第一节　全民健身体系概述 ………………………… **159**
　　第二节　全民健身运动理论与方法研究 …………… **164**
　　第三节　全民健身体系实践研究 …………………… **178**

参考文献 ……………………………………………………… **189**

# 第一章 运动健康背景概述

## 第一节 "健康中国"的内涵

### 一、"健康中国"的含义

#### (一)全面建成小康社会的奋斗目标

健康中国是全面建成小康社会、实现中华民族伟大复兴的奋斗目标,是社会主义现代化建设新征程的重要保障,作为目标和保障,应该按照全面建设小康的要求,从大健康、大卫生的高度出发,将健康融入经济社会发展过程中的各项政策之中,培育健康人群,发展健康产业,构建健康环境和健康社会,建立更加公平有效的基本医疗卫生制度,形成以健康为中心的经济社会发展模式,实现人人享有健康的生产生活环境和社会环境。

在这个社会大环境背景下,人与人之间保持一种健康的生活方式和行为方式,人与人之间享有健康的医疗服务,缩小地区间人群健康之间的差异,提高全民健康水平。

1. 构建健康的环境

控制影响健康的因素,完善环境卫生和文化体育等基础设施,改善生态环境,建立有利于健康的自然环境,实现人人享有健康的生产生活环境。

### 2. 培育健康人群

建立完善的基本医疗卫生制度,全面优化健康服务,传播健康文化,控制重大疾病,改善重点人群的健康状况,形成有利于健康的生活方式和生活习惯,实现病有所医。

### 3. 建设健康社会

以人的健康为根本出发点和落脚点,转变社会发展模式,提高基本公共服务水平,完善社会制度,健全公共安全保障体系,形成有利于健康的社会发展模式,构建和谐的社会关系,实现人人享有健康的社会环境。

### 4. 发展健康产业

将发展健康需求作为拉动内需的重要抓手,转变经济发展模式,在经济结构转型升级的过程中大力发展健康服务业,推动形成有利于健康的经济发展模式。

在总体目标和分目标之下应包括一些具体指标,借鉴国外的经验,建立体现健康状况的指标体系,确定体现工作任务的监测指标。

## (二)创新发展新理念

健康中国在"四个全面"战略布局引领下维护全民健康理念的创新,为解决当前和长远健康问题形成一种整体性思维方式,构成的创新思想和观念体系,由科学健康观、科学卫生观和科学医学观作为指导,目的是解决目前全民健康存在的突出矛盾和问题。

发展理念的核心是健康优先,发展的实质是要求政府、社会以及个人能够树立健康优先的发展理念,最终构建健康友好型(全民健康型)社会。全体人民都养成健康的生活方式、科学的生产方式、有效的消费方式,构建健康和经济社会协调发展、良性互动的关系,成为一种健康友好的社会发展形态。

健康友好型社会要求经济社会发展的各个方面必须符合健康发

展要求和规律，朝着维护健康的方向发展，其基本要素是健康友好型的经济发展模式、社会发展模式、文化价值观、科技创新体系、服务体系，这些要素都是建设健康友好型社会的基本途径和措施。

健康中国发展理念创新是引领文化创新、制度创新、发展模式创新、产品创新的基础，理念创新要求树立健康优先的发展理念，将健康融入其中，建设健康友好型社会；文化创新要求弘扬健康理念文化，培养健康素养，增强国际影响力和健康软实力；制度创新要求建立健康友好型经济社会发展制度、建立覆盖城乡居民的基本医疗卫生制度。

建立健康优先的经济社会发展模式，从以疾病为中心转向以健康为中心，转变卫生发展模式，构建与居民健康需求相匹配的整合型医疗卫生服务体系，更好地满足群众健康需求，为打造健康中国提供物质基础，并带动健康产业的大发展、大繁荣。

**(三)百姓的共同理想**

我国经济发展进入了新常态，需要确定新的发展理念，抓住全面建成小康社会中存在的突出矛盾和问题，及时解决这些问题。面对健康保障中存在的突出问题，需要提高健康在经济社会过程中的优先程度，加大政府的投入，进行多部门密切合作，提高个人的关注度，社会多个方面参与进入，形成多方共建、共享的健康发展新模式，着力提高健康与经济社会发展的协调性和平衡性。

深化医药卫生体制改革已经进入了攻坚期和深水区，必须高举健康中国的旗帜，凝聚改革共识的局面，集合改革发展力量，满足改革发展过程中的自信，最大限度地调动积极因素，建立覆盖城乡的基本医疗卫生制度。

党的十八届五中全会从维护全民健康和实现长远发展出发，提出了"推进健康中国建设"这一要求，把健康中国作为实现全面建成小康社会和中华民族伟大复兴中国梦的重要内容，通过全民健康促使实现全面小康社会和"两个一百年"宏伟目标。

政府、社会和个人都要树立起健康优先的发展理念,构建健康友好型社会,将健康中国作为旗帜凝聚共识、汇聚力量,深化医药卫生体制改革,建立覆盖城乡的基本医疗卫生制度和有利于健康的经济社会发展模式。

## 二、"健康中国"的发展目标

### (一)营造健康环境

有效控制影响健康的危险因素,实现人人享有健康的生产生活环境,完善健康支持性环境,建立健康友好型经济社会发展模式,构建和谐的社会关系。

### (二)加强健康保障

加强健康保障的顶层设计,突出健康的优先发展模式,完善健康的相关法律体系,建立基本医疗卫生制度,提高政府在健康领域的投入规模和绩效,控制重大疾病和突发性疾病,建立完善的公共安全保障体系和社会支持系统,将健康摆在优先位置,完善健康相关的法律体系和基本医疗卫生制度。

### (三)培育健康人群

优化健康服务,改善老人、妇幼、贫困人口、流动人口等重点人群的健康状况,以居民健康需求为导向,关注职业健康,推广健康理念,改善健康行为,提升健康素养,最终达到身心健康、社会适应相协调的全面健康。

### (四)引导健康理念

解放思想,更新健康理念,将健康需求作为拉动内需的重要抓手,抓住机遇发展过程中的健康服务产业,培育一批有竞争力的覆盖医疗护理、康复保健、健康管理和咨询、人才培训、科技创新等领域的健康服务产业。

## 三、"健康中国"的核心内涵

健康中国建设是"创新、协调、绿色、开放、共享"发展理念的具体体现，五大发展理念推进了我国健康中国发展的顶层设计，与健康中国的发展理念和战略相一致，激发了健康产业创新活力，形成了促进健康中国的创新体制架构，便于"互联网+"的健康行动计划推行，建设健康友好型社会。

将健康融入所有政策当中，推进区域健康资源合理配置与协调发展，实现分级诊疗制度，坚持人与环境可持续发展，促进以健康为中心的生态文明建设，推动健康服务产业的绿色发展，通过开放、融合的态度推动健康服务产业向多元化方向发展。

深度融入全球健康体系，推进"一带一路"健康服务业建设与国际合作，改革和发展成果将由人民共享，完善基本医疗卫生服务体系，提高医疗的服务可及性、可负担性、公平性，体现健康服务的公平性和全民健康覆盖性。

推进健康中国建设的研究符合建立经济发展机制和社会管理体制协同发展的要求，明确了健康中国的内涵及其发展目标，可以正确把握健康中国的发展方向以及战略导向，是切实推进健康中国战略的必然要求。

## 四、健康中国战略的含义

健康中国战略是健康中国理念、思想和目标的理论化、制度化和政策化结果，形成符合我国国情、可持续发展、具有成本效益的健康发展战略，建立健康友好型社会，提高国民健康水平，缩小因经济社会发展水平差异导致的健康不平等现象。需要考虑问题导向型和需求牵引型的战略，从大健康、大卫生出发，根据居民疾病负担和健康主要影响因素确定主要的健康问题，作为确定战略目标和战略行动的基本依据。

从当前和未来面临的主要健康问题出发,综合考量居民面临的主要健康问题,归纳危害健康的重要因素,危害因素的可干预性、干预措施的成本效果,政府和社会的可承受力和相关的国际承诺,最终确定要优先选择的领域。

针对重点和主要问题选择干预的项目,制定实施促进健康的重大工程和项目,为了实施这些工程和项目,强化医药卫生体系的要素支撑,包括管理体制、科技、投入、人才、文化、国际合作、信息和法制环境等。

## 第二节　运动健康型社会的内涵

### 一、运动健康型社会的界定

#### (一)何谓"运动健康型社会"

运动健康型社会是指基于人为中心的经济社会深度发展,体育事业和体育产业全要素无缝集合,共同促进和实现全体国民全维度健康的新型体育社会。

我国运动健康型社会的建构,是以新时代中国特色社会主义思想为指导,以全面建成小康社会和"健康中国"建设为抓手,紧紧围绕国家统筹推进"五位一体"总体布局和协调推进"四个全面"战略布局,坚持以人为中心的发展思想,以"互联网＋信息技术"为助推器,以绿色朝阳体育产业和内涵型体育文化建设为两翼,以体育与健康事业为主体,以深度改革和全要素协同联动为动力,加快转变体育领域的发展方式,重塑体育与国民健康事业、体育文化事业、体育产业三者之间的结构关系,推动学校体育、群众体育、竞技体育、体育产业、体育文化"五位一体"有序发展,全方位、全周期维护和保障国民人人享有体育,大幅提高国民体质健康水平,实现体育与人、家庭、社会、国家全要素高度集合的新型社会(社会发展新阶段)。

## (二)运动健康型社会的显性特点

(1)运动健康型社会是体育全面融入小康社会建设和"健康中国"建设的手段和途径,推进运动健康型社会的建设必须倒逼体育实施全面改革和深度改革,生成内生性体育,实现战略性转型。

(2)体育是由体育事业和体育产业两部分有机组成的。要实现体育的内生性发展和战略性转型,务必要推进体育事业与体育产业的高度融合和协同发展。

(3)体育事业回归教育和体育产业回归市场,是体育事业与体育产业融合发展的前提和基础,也是运动健康型社会建设的关键。

"求木之长者,必固其根本;欲流之远者,必浚其泉源。"可见,运动健康型社会具有丰富、多元的体育价值观与体育文化,是中国体育事业发展的内在推动力,是形成现代社会体育文化的基础,是实现人的全面发展的重要途径。运动健康型社会建设,是我国社会体育发展的新方向。

# 二、运动健康型社会的基本结构与指标体系

## (一)运动健康型社会的基本结构

(1)运动健康型社会由体育事业和体育产业两部分构成,是两者高度融合发展的社会体现。在运动健康型社会建设过程中,体育事业和体育产业的发展是有机协同的,体育事业的发展带动体育消费,促进体育产业的发展壮大;体育产业的发展壮大反哺体育事业的建设,加快推进体育事业的发展和进步。

(2)体育事业由体育文化、学校体育、群众体育和竞技体育四部分组成。无论是体育文化、学校体育,还是群众体育和竞技体育,都具有公益性质,都属于教育的范畴,其建设都要回归到教育体系当中进行。体育事业的建设目标是以人为本,打造"五型一体"融合发展

的体育生涯,即儿幼童运动娱乐型学习生涯、青少年运动健康型学习生涯、中青年运动休闲型工作生涯、老年人运动养生型养老生涯、职业运动员社会保障型运动生涯。

(3)体育产业主要由体育管理业、体育竞赛表演业、体育健身休闲业、体育场馆服务业、体育中介服务业、体育培训与教育业、体育传媒与信息服务业、其他与体育相关服务业、体育产品制造业、体育用品贸易服务业、体育场地设施建设业等十一大类组成,都属于经营性营利性活动,其建设都要回归市场经济层次进行建设。体育产业的建设目标是以经济发展为本,按新兴产业、绿色产业和朝阳产业的发展愿景,打造其成为国民经济支柱性产业之一。

## (二)运动健康型社会主要的指标体系

运动健康型社会主要的指标体系见表 1-1。

表 1-1 运动健康型社会主要的指标体系

| 领域 | 目标 | 理念 | 实现路径 | 主要指标 |
|---|---|---|---|---|
| 学校体育 | 高水平学校体育 | 树立嵌入学习生活的"大学校体育" | 构建"儿幼童运动娱乐型学习生涯"和"青少年运动健康型学习生涯" | 1.健康素养水平达到 0.8 以上<br>2.熟练掌握并运用 1~2 项运动技能<br>3.《国家学生体质健康标准》优秀率达到 35% 以上<br>4.学校体育场地设施与器材配置达标率达到 100%<br>5.儿童青少年学生周体育活动中等强度 5 次以上 |

续表

| 领域 | 目标 | 理念 | 实现路径 | 主要指标 |
|---|---|---|---|---|
| 群众体育 | 高水平群众体育 | 树立嵌入工作生活的"大群众体育" | 构建"中青年运动休闲型工作生涯"和"老年人休闲养生型养老生涯" | 1. 运动人口达到70%以上<br>2. 每人拥有运动场地4平方米以上<br>3. 运动设施建设城乡全覆盖<br>4. 人均体育运动消费占收入的7%以上 |
| 竞技体育 | 高水平竞技体育 | 树立嵌入教育的"大竞技体育" | 构建"职业运动员社会保障型可持续运动生涯" | 1. 体育运动产业占GDP的7%以上<br>2. 职业联赛观众参与率达到80%以上<br>3. 高水平运动竞赛整体水平位居世界前三<br>4. 高水平运动员培养使用"体教结合"全覆盖 |
| 体育产业 | 高水平体育产业 | 树立嵌入经济社会发展的"大体育产业" | 构建"平台+内容+衍生经济"的"大文化"商业模式 | 1. 体育产业总规模超过8万亿元<br>2. 从业人员超过1000万人<br>3. 对国民经济的贡献率达到2.0%以上<br>4. 打造3~5个世界级体育品牌 |

续表

| 领域 | 目标 | 理念 | 实现路径 | 主要指标 |
|---|---|---|---|---|
| 体育文化 | 高水平体育文化 | 树立嵌入生产生活方式的"大体育文化" | 构建"可视化、载体化、故事化、数字化、产业化、生活化"的"六化"发展模式 | 1.实现社区(农村)体育文化建设和宣传全覆盖<br>2.建成3~5个世界级体育小镇<br>3.建成1000个以上特色体育小镇 |
| 体育生态圈 | 高水平"体育融合发展生态圈" | 树立"大体育社会" | 建立政府、社会、个人、市场"四位一体"的体育发展模式 | 1.建立完善的体育法律法规体系<br>2.建立完善的体育全域管理体系<br>3.建立完善的体育全域服务体系<br>4.建立完善的"体医教文产"协同体系 |

## (三)相关概念说明

(1)建设绿色朝阳体育产业是指基于现代智造、创意设计、健康服务等实现体育绿色发展,使其成为新的支柱型产业,开启我国经济增长新引擎。

(2)建设内涵型体育文化是指建设全民尊重体育、敬畏体育、热爱运动、崇尚运动的文化环境,实现国民文明健康的生活方式,为经济社会和文化进步的可持续发展提供新的支撑和动力。

体育文化激励人们奋发向上,对塑造价值观具有引导作用。当运动成为一种生活方式,绝不仅仅体现在人均体育面积和锻炼频率的数字变化上,而是把身心健康作为个体全面发展的追求,其中蕴含着热爱生活、尊重他人、服务社会的价值内涵。

(3)体育与健康是指体育回归人的全面和健康发展的层面,以人为中心,推动学校体育、群众体育、竞技体育三者之间一体化的有序发展,实现"五型一体",即儿幼童运动娱乐型学习生涯、青少年运动健康型学习生涯、中青年运动休闲型工作生涯、老年人运动养生型养老生涯、职业运动员社会保障型运动生涯等融合发展,全面融入小康社会建设。

(4)中国体育正在进入全新的发展时期。在新时代,以学校体育的大发展为基础,以大众勃发的运动热情为标志,以体育产业的美好未来为愿景,以竞技体育的重构发展思路为依托,体育在经济社会发展中的价值得到全新的梳理和判断,体育发展的新格局已显现。

(5)运动健康型社会是无缝对接我国全面建成小康社会和"健康中国"建设的新型社会,是体育需要"从生存性体育向内生性体育转变"的新的历史时期,作为与时俱进而生成的新设想,是体育人本化和体育社会化高度集成的先进理念。运动健康型社会不仅能够全面融入小康社会和"健康中国"建设之中,成为经济社会建设的重要的有机组成部分,而且能够成为重要力量和强力推手,生发宏大的内动力,倒逼体育的全面改革和深度改革,创新体制机制,促进体育的自我实现和战略转型,实现人人享有体育、人人享有体质健康、人人享有体育服务,铸就中国模式。

# 第三节　运动健康型社会的建构

## 一、建构运动健康型社会的目的

建构运动健康型社会的目的主要出于三个方面的考量。

### (一)旨在破解全民性"运动不足"的难题

人类社会进入 21 世纪以来,由于身体活动不足导致的慢性病及其经济社会负担急剧上升,运动不足被认为是一种全球"流行病",成为威胁人类健康的重要原因。我国也概莫能外,有最新的数据显示,我国经常锻炼身体的成年人仅有18.7%,超过80%的成年人面临"运动不足"的威胁。

运动不足正威胁着个人健康和国家安危。运动不足与国家人力资源整体质量,乃至国家经济可持续发展有关。研究表明,过早死亡、心血管疾病、高血压、中风、2型糖尿病、代谢综合征、结肠癌和抑郁症等都与运动不足有关。统计显示,全世界每年有530万人因缺乏运动而过早死亡。

中国疾病预防控制中心的专家表示,一个活跃的80岁老人的死亡风险要比一个缺乏身体运动的60岁老人低;运动可以使乳腺癌发病风险降低50%、结肠癌发病风险降低60%、痴呆症发病风险降低40%、心脏病和高血压发病风险降低40%、2型糖尿病发病风险降低58%。

运动不足与青少年个体成长及其一生幸福紧密相关。运动不足的青少年,会在身体形态、机能和素质以及健康方面出现不同程度的问题;30%的青少年会发展成肥胖者,成年后成为肥胖者的概率是运动充足者的2倍;运动不足者整体健康状况变差;运动不足者的生病天数平均每年要比运动充足者多一周。

**(二)旨在破解体育在经济社会发展中的边缘化问题**

"中国历史就轻视体育,在古代传统文化中没有体育的地位,到了近代,体育是舶来品,可有可无自生自灭。到了当代,体育在行政、学术、经费等排序时总居末位,最近新出炉的《2016年中国社会蓝皮书》全书几十万字竟只字未提体育,好像体育不存在于中国社会一样。"卢元镇教授语重心长的一席话,道出了我国体育发展的困局所在,可谓振聋发聩,催人深省。

从理论视角看,体育是经济和社会建设的有机组成部分,是"健康中国"建设的重要元素。体育的功能价值和作用主要彰显在三个方面:第一,体育是实现人的全面发展的重要途径,具有"育体养人"的综合功效;第二,体育对经济社会发展积极推动的作用显著,具有

"朝阳、绿色产业支撑"的支柱作用;第三,体育自身具有独特的文化价值,具有经济可持续发展的原动力作用和社会文明进步精神力的灵魂作用。

但是,众所周知,我国体育服务经济社会建设的能力长期不足,画地为牢,为国人诟病。尽管体育是关系到每一位国人的事情,却由于社会性被削弱,并没有嵌入国家的政治、经济、文化、社会和生态体系。因此,我们国家的发展战略讲"五位一体"(经济建设、政治建设、文化建设、社会建设、生态文明建设),但是,体育在"五位一体"中几乎没有明确的地位。就拿全面建成小康社会的十大指标而言,没有一项指标直接与体育有关。

更为窘困的是,体育产业支撑国民经济的能力长期不足。我国体育产业的发展比较滞后,既没有融入体育事业当中,也没有融入国民经济之中,而且远远滞后于经济发展,导致体育的十一类产业的发展滞后,并且面临着很多困难,这样就造成了体育产业在发展中的困顿。目前体育面临的主要困难为:第一,体育人口数量和比例有限,消费人群不足;第二,体育场地数量不足,政府投入不足;第三,体育从业人口数量及其比例不足,GDP 占比不高;第四,体育赛事服务体系不健全,难以实现盈利;第五,职业体育和社会联系不紧密,运营体系脆弱;第六,健身和培训规模有限,体育版权开发不力。体育产业对经济贡献偏低,还处于起步阶段,要成为国民经济支柱性产业,体育产业任重而道远。

从这个意义上讲,我国体育的社会功能及其延伸功效还需要得到更加充分的体现和彰显。现阶段,国民对体育的认识不足,认知偏颇,低估体育的作用。这导致体育在与社会建设的融合发展中出现了偏差,在服务国家战略和国民多元化的体育需求中的能力不足,从而导致困局的生成,并在长期的病态中被边缘化。

### (三)旨在破解体育自身发展不平衡、不充分的难题

随着全面建成小康社会的全面推进,随着国人认知健康水平和

切身感受健康能力的提高,体育事业的发展不平衡、不充分已经是人尽皆知的事实。体育事业没有很好地融入社会建设,或者说没能有机融入社会建设。仅仅是体育部门关起门来办体育,并没有利用全社会的力量,这就造成了没有足够的资源和力量办体育的局面。在学校体育、群众体育、竞技体育、体育产业、体育文化之间,能够有所选择或放弃,便形成了长期重竞技体育,轻群众体育、学校体育和体育文化,忽视体育产业的不良格局。学校体育是全社会体育中最薄弱的一个环节,体育教育在学校教育中得不到重视,投入低,师资不足,场地设施不足,教学服务与创新能力不足,导致体育成为学校中的薄弱环节。另一个薄弱环节是体育文化,由于我们国家的体育还没有进入生活方式倡导的阶段,体育文化工作机制不完善,公共体育服务体系一直没能建立起来,体育运动项目的文化建设几乎是空白的,仅有少数体育或奥林匹克博物馆,也很难吸引到足够数量的群体去付费参观。文化缺失的后果之一就是行为上的急功近利。最新的国民体质监测结果表明,近年来我国大学生体质明显下降,说明课业负担减轻后学生并没有选择用更多的时间去参与体育锻炼。这就是观念在作祟,因此便造成了体育文化的薄弱。体育产业更是如此,体育部门干脆疏离市场,忽视市场的力量和作用,只是近年来在国家政策的导引下才有所作为,尤其自国务院相关文件发布以来,越来越多的企业开始进军体育产业,开始发挥市场的作用。而资金的不断流入,则促进了产业的欣欣向荣,进而形成了绿色、朝阳之态势。

## 二、建构运动健康型社会的基本路径

如何破解体育发展的困局?建构运动健康型社会的路该怎么走?方向在哪里?笔者提出了如下几点设想。

### (一)树立"大体育"理念,构筑"体育融合发展生态圈"

1. 以"生态圈"的思想导引体育的战略转型

从生态圈的意义上讲,首先,体育最大的生态圈就是"五位一体"

（经济建设、政治建设、文化建设、社会建设、生态文明建设），一定要让体育嵌入我们国家"五位一体"的发展格局当中，寻找它的方位，建设大体育社会；其次，体育是体育事业和体育产业协调发展和全要素的社会集合，而不仅仅是体育事业要素中的融合，也不仅仅是体育产业要素中的融合；最后，应当适应时代变化和国民日益增长的体育需求，进一步丰富中国体育的价值观。中国体育不但要为国争光，还要为民谋福、为国增利。基于这样的目标，就要努力做到生态圈中的学校体育、群众体育、竞技体育、体育产业、体育文化等的大融合发展，主动对接和全面嵌入我国全面建成小康社会和"健康中国"建设之中，体育的未来必定可期。

### 2. 以"绿色发展""环保意识"构筑体育的可持续发展

体育是绿色发展和环保意识的自然传达，是生态、环境、文化融合互动、协调发展的载体，这是世界的普遍共识。随着工业化与城市化的发展，绿色、生态、健康、可持续等这些关键词将成为新的诉求，体育作为关乎每一个人体质与健康的普遍行为方式和理想形式，将越来越受到关注与重视。国际奥委会近年来格外强调奥运会主办城市留下可持续的遗产，还专门成立了一个可持续发展与遗产的委员会。国际奥委会认为体育能够让人增强环保意识，因为体育人希望在更加优质的环境中参与活动、实现人与自然的和谐相处，很多国家都通过鼓励青少年参与户外锻炼来强化环保意识，而事实上很多研究成果表明，参与户外体育能提升环保意识。

### 3. 以国际化的大视野拓宽体育社会的生态圈

当代体育已经成为一个国家和地区综合实力特别是文化软实力的重要体现。所以，体育理所当然是国家综合国力竞争的组成部分，也是文化交流与传播的重要载体。体育作为典型的国际通用语言，在国际交往中越来越被广泛运用，而且作用越来越重要，体育作为国家综合国力竞争的一个显性因素，其实是国际交往很好的黏合剂，也是联合国和很多政府高层看重的一个审视国家综合国力的工具。

### (二)厘清利益层,编织价值网,筑牢"大体育社会"的发展概念

#### 1.要厘清利益层

体育是全社会的体育,体育与社会的融合互动,形成多层次的利益关系,这一特征和趋势在当今社会更加明显。第一,从个人角度来说,体育是一个生命力的问题。经常运动的人和虽然寿命长但不运动的人,其生命活力是不一样的,这就是体育的魅力,也是其核心价值所在。第二,从社区来说,体育可以促进社区的团结。我们国家可以说还没有开始,而西方很多国家做得非常经典,尤其是德国。第三,从社会和谐来说,体育是社会最好的安全阀之一,这是社会学者的共识。第四,从全球角度来看,体育促进不同国家、民族、宗教信仰的人达成相互间的了解。

#### 2.要编织价值网

所谓价值网,即我们在寻求不同利益相关者的时候要注意到不同层面上的利益团体。体育不同链条上的主体要善于合作和分享,在价值方面要兼顾不同层面,任何一方想独享利益,都是不现实的。因此,树立"体育社会"的概念,要实现价值的全覆盖:一要政府主导;二要尊重利益相关者;三要鼓励合作,服务合作;四要让全社会的人参与其中;五要形成利益和命运共同体。

#### 3.编制新战略,建构中国特色的运动健康型社会

体育促进"健康中国"建设需要具体的抓手和实现路径,运动健康型社会是"健康中国"建设的具体化,是高度契合"健康中国"建设的体育社会,是一种高度分工和精细合作融合的社会发展阶段,其链条和枢纽之间的关联非常细腻,高度发达,而且形成了政府、社会、个人、市场"四位一体"稳定的利益大联合体,对实现"健康中国"战略目标具有重要意义,也是实现中国体育强国战略目标的具体化。研究认为,运动健康型社会具有丰富、多元的体育价值观与体育文化,是

形成现代社会体育文化的基础,是实现人的全面发展的重要途径。运动健康型社会,是我国社会体育发展的方向。

从抓每一个运动项目文化着手,紧紧围绕项目文化建设,做好博物馆、名人堂、体验馆、项目节、俱乐部、文化节等基础性工作,实现所有运动项目和传统体育项目的全覆盖。

紧紧围绕项目文化提炼形成体育文化的价值观。尤其是结合我国博大精深、源远流长的传统体育与历史文化,学习现代奥运的传承和传播,在文化上做一些价值、精神层面的包装,讲好中国传统体育导引术、五禽戏、太极、气功等系列故事,把传统体育文化的强身健体与家国情怀一体的精神提升成中华民族代表的一种价值观来传递。

国家要将项目文化建设纳入社会、经济发展的总体规划中,各级政府将体育文化建设作为重要工作,列入工作计划,并在工作机构和人员配备上予以落实。尤其在人才培养方面,有计划、系统地培养体育文化人才,尽快形成体育文化管理、体育文艺创作、体育文化经营、国际体育文化交流等方面的人才队伍。

优化供给侧改革,打造嵌入经济社会的"大体育产业",实施"平台＋内容＋衍生经济"的"大文化"商业模式。

体育产业的发展已经被纳入经济社会发展的大框架里,逐渐成为国家经济发展的一大支柱。未来体育产业完全可以像美国一样成为中国最大的产业之一。所以,体育产业绝不仅仅是体育部门自身所办的那种产业,还是作为社会生活一部分的体育产业,是全社会的体育产业。这也是国务院出台《关于加快发展体育产业促进体育消费的若干意见》的初衷。

从生态圈的意义上来说,首先是体育与经济社会的融合发展,其次才是体育系统内体育事业和体育产业大融合的协调发展,发展体育产业的意义还在于其是一个完全的绿色产业,"体育产业不是以牺牲能源环境为代价的,而是无污染的贡献,对社会发展、人民健康有重大意义"。这也意味着,体育促进"健康中国"建设最大的短板在于体育产业规模小、活力弱而难以支撑和服务经济社会发展。

第一，首要实施"大文化"的商业模式：平台＋内容＋衍生经济，将各类资源整合在一起实现大幅度增值。平台、内容和衍生经济是相辅相成的共同体，平台产业需要优质内容来支撑，内容需要优质平台来展示，衍生经济可以将平台和产业的利润成倍放大。借此打造低成本、强关联、广辐射、少污染、健康的体育产业，全面建立布局合理、功能完善、门类齐全的体育产业体系，形成全要素、全产业链、高集成的朝阳、绿色体育产业。

第二，针对体育产业环境建设的薄弱环节，实施体系化的优化措施：一是大力吸引社会投资；二是完善健身消费政策；三是完善税费价格政策；四是完善规划布局与土地政策；五是完善人才培养和就业政策；六是完善无形资产开发保护和创新驱动政策；七是优化市场环境。尤其针对体育人口和消费市场的培育，建立"互联网＋体育智能服务"平台。政策上，体育消费采取一卡通制，实施国家补贴，给予健身运动积分和奖励等。

第三，加快供给侧结构性改革，提供多样化、多层次的体育产品和服务，建立体育产业发展新常态。根据国家统计局发布的《国家体育产业统计分类》标准分类，目前我国体育产业有十一大门类，其中竞赛表演业、教育培训业、健身娱乐业、体育中介、体育信息与体育传媒，作为未来增长较快的五大行业，需要重点推进，全面优化市场环境。具体举措：建立"互联网＋体育产业资源"交易平台；建立市场化的体育赛事转播收益分配机制；建立健全对外宣传运营的机制；建立体育教育培训业市场化体系；建立经纪行业的法则；培育专业化的体育信息与传媒市场等，进一步做大做强体育产业的"蛋糕"。

## 三、建构运动健康型社会的意义

我国国民日益增长的体育普惠化、多元化、个性化需求和体育资源、个性化产品供给、高端服务供给等严重不足，是目前体育发展中存在的主要矛盾。国民体质健康的弱化,公共体育服务的滞后,地区之间、城乡之间体育发展的严重不平衡,体育产业规模小、结构失调,体育文化建设面临重塑等突出的矛盾或问题等,无不对体育自我实现提出战略性转型的迫切要求。

在新的历史时期,体育支撑社会发展与服务社会的能力、作用和愿望之间存在着较大的差距,而且,体育体制内的力量已经不能满足全面建成小康社会和"健康中国"建设的要求,必须举全社会之力联合体育体制内的力量,实施一种基于体育的新型的社会的建设,作为抓手和推手,才能倒逼体育全面改革和深度革新,转变发展方式,实现内生性发展,满足国民的不同需求。建构运动健康型社会的意义主要体现在三个方面。

### (一)全面提高国民体质和健康水平,倍增体育的获得感

"没有全民健康,就没有全面小康。"无缝对接"健康中国"建设,凭借共建共享"健康中国"建设,一要全面建立政府、社会、个人、市场"四位一体"的体育发展模式;二要建立人人享有基本体育健身服务;三要全面建立完善的全民健身公共服务体系,使得国民的健康生活方式得到普及,基本实现健康公平。实现措施:一是全民健身生活化。全面建立完善的"互联网+全民健身"公共服务体系;建成县、乡、村三级公共体育设施网络,人均体育场地面积不低于2.3平方米,在城镇社区实现15分钟健身圈全覆盖;针对不同人群、不同环境、不同身体状况建立完善的运动处方库,推动形成体医结合的疾病管理与健康服务模式;公共体育场地设施和符合开放条件的企事业单位体育场地设施全部向社会开放。二是学校体育全科化。建立起体育与相关学科教学教育活动相结合、课堂教育与课外实践相结合、经常性宣传教育与集中式宣传教育相结合的全科化的健康教育模式。三是体育教学智慧化,体育服务个性化,国家学生体质健康标准达标优秀率在25%以上。

## (二)提升体育服务和作用于经济社会的贡献度和支撑力

体育的发展离不开社会,社会的发展和文明进步也离不了体育,这才是所谓的成功的体育。由于体育本身的发展已经越来越明显地作用于社会的政治、经济、文化等各个方面,影响到社会成员的生活,而且从总体上看,体育已经不再仅仅关系到个人的身体状况和通过个人的调节来加以解决,而是越来越被纳入社会的发展轨道,受到社会各方面和各种力量的制约和影响。

基于树立"学校体育、群众体育、竞技体育、体育产业、体育文化""五位一体"的发展理念,通过全面建立政府、社会、个人、市场"四位一体"的体育发展模式,建立运动健康型社会,建立起结构合理、布局均衡、功能完善、门类齐全的体育产业体系,形成各种经济成分竞相参与、共同兴办体育产业的发展格局。尤其要通过优化供给侧改革,打造嵌入经济社会的"大体育产业",实施"平台+内容+衍生经济"的"大文化"商业模式,使得体育产业总规模超过 8 万亿元,从业人员数超过 1000 万人。体育产业对国民经济的综合贡献率明显提升,产业增加值在国内生产总值中的比重达 2% 以上,助力全面建成小康社会和"健康中国"建设,实现人人享有体育、人人享有体质健康、人人享有体育服务的目标。

## (三)全面提升体育发展的水平和质量

一是打造嵌入学习生活的"大学校体育",实施"儿幼童运动娱乐型学习生涯"和"青少年运动健康型学习生涯"战略。二是打造嵌入生活的"大群众体育",实施"中青年运动休闲型工作生涯"和"老年人休闲养生型养老生涯"战略。三是打造嵌入教育的"大竞技体育",实施"职业运动员社会保障型可持续运动生涯"战略。四是打造嵌入生活方式的"大体育文化",实施"嵌入具体运动项目文化建设为本"的"四位一体"战略。尤其是"大体育文化"体系建设,随着社会、经济的发展,体育文化已日益成为支撑体育可持续发展的基本核心。体育文化建设是从历史文化,到器物文化,到制度文化,到核心价值观的建设,"四位一体"层层递进:第一个层面是体育发展的历史文化;第二个层面是器物文化,比如运动服、奖杯等方面;第三个层面是制度文化;第四个层面是价值观。运动健康型社会的建成,必将极大地提高和转变中国人的思想认识,奠定形成内生性体育的思想基础,建立新体育理念,改变中国人长期以来对体育的偏见和歧视,实现体育强国梦。

# 第二章 运动与生理健康

## 第一节　有关健康的理论

古往今来,健康一直是人们所向往和关注的问题。在不同的时期,人们对健康的看法和理解有所不同,并且不同学科的研究也赋予了健康不同的界定和内涵。

当今社会,人们对健康概念众说纷纭,体现了人们对健康概念的历史性理解,也体现了健康本身所具有的鲜明的时代性、科学性和永恒性。所以说健康是人类关注的永恒主题。

### 一、健康的基本概念

#### (一)健康概念的形成与演化

"健康"的英文词汇是 Health,起源于英国盎格鲁撒克逊族,它所涵盖的意思是结实、完美和安全。

由于"健康"一词的概念受到不同历史阶段的生产力、科技水平和当时哲学思想的影响,因而具有一定的动态特征,再加上人类从一出生就会受到疾病的威胁,因此,在科技水平不发达的远古时代,人们本能地意识到当身体没有疾病或创伤时,就是安全并且没有痛苦的,这种本能的意识就是那时候人们对于健康最初的认知。但这种本能的意识并没有上升到对健康做出理论概括的层次。

### (二)健康的定义

人类自始至终都把身体健康作为永久追求的目标,伟大的哲学家马克思曾经说过,人类的第一权利就是健康。

联合国世界卫生组织(WHO)对健康的定义为:"健康不仅是指没有疾病或不虚弱,而且是指生理、心理的健康和社会适应的完好状态。"这就是人们所指的身心健康,也就是说,一个人在躯体健康、心理健康、社会适应良好和道德健康四方面都健全,才能称得上是完全健康的人。

### (三)体质与健康的关系

在"身体好"的基础上,体质和健康一直是相辅相成的关系;虽然体质和健康具有充分的一致性,但是人体健康的首要前提是体质好,如果一个人的体质不好,那么健康就会失去基础,所以强化体质的最终目标就是获得健康。

然而在本质上二者的含义还是有很多的不同,正规来讲,体质属于健康的一部分,判断人身体健康与否的最基础的标准就是看身体各个器官是否能够正常运转、机能是否正常。而体质的好坏则是对人体整体状态所进行的综合性评价,通常人们对一个人体质好坏的评判首先要综合考虑其身体的健康状态,其次才是从人体的形态、身体素质对环境气候的适应能力和抗病能力等方面进行测定与评价。

### (四)健康程度

人体健康的程度从不同的角度看有不同的分类(表2-1)。

在我们的日常生活中,1度特别健康者和2度普通健康者这两种分类并不易区分,然而病者和虚弱者这两种分类之间还是有显著区别的,不过这两类体质经过合适的体育锻炼和有效的治疗后,健康程度可以有很大幅度的提高。

表 2-1　健康程度的分类

| 1度 | 2度 | 3度 | 4度 | |
|---|---|---|---|---|
| 特别健康者 | 普通健康者 | 需注意者（限制运动） | 需保护者（禁止运动） | 病者（治疗） |
| 健康者 | | 虚弱者 | | |

## 二、健康的分类

人们为了方便进行科学研究而把健康分为三个不同的种类：第一，身体健康和心理健康；第二，个体健康和人群健康；第三，健康的第一、二、三种不同的状态。

### (一)身体健康和心理健康

1. 身体健康

身体健康主要包括两方面的内容：第一，人体健康最基本的要求是人体的主要器官没有疾病，且各器官具有良好的生理功能，体形匀称，身体的活动能力和劳动能力都比较强。第二，人体维持健康的能力就是指对疾病的抵抗能力。综合来讲就是人体各器官发育良好，各组织结构完整，没有疾病困扰，身体强壮。

2. 心理健康

心理健康不同于身体健康的是，心理健康不仅是指没有心理上的疾病，更重要的是能以一种积极向上的能量充分利用身心潜能的活跃状态。世界卫生组织曾指出一个人心理健康的标志为：在处理人际关系时能够彼此谦让；拥有良好的幸福感；在工作、学习中能充分发挥自己的实力，积极、有效率地生活。

### (二)个体健康和人群健康

从宏观和微观的角度来看，健康又可以分为人群健康和个体健康两种。人群健康是指不同地域或者不同人群的整体健康状况，它对于制定某种健康政策,评定国家、地区的健康状况尤为重要。而个体健康通常指的是个体体质的综合健康状况,也是评价个人生存质量的基本指标,同时,通过提高个体健康可以有效地促进人群健康水平的提高。

### (三)健康的第一状态、第二状态和第三状态

根据健康评估的综合判断,可将健康分为第一状态(健康状态)、第二状态(疾病状态)和第三状态(亚健康状态)。目前,流行于世界的健康评估法是一种名为"MDI健康评估"的方法。MDI健康评估的满分为100分,各分数段分别对应WHO对健康的定义,因此通过世界性普查得出的结果是:

第一状态:健康状态,评估分数在85分以上;

第二状态:疾病状态,评估分数在70分以下;

第三状态:亚健康状态,评估分数为70~85分。

据全世界的普查结果显示,健康评估分值在85分以上的第一状态即健康状态者,占比约为5%;第二状态即70分以下疾病患者约为20%;第三状态即亚健康状态者则为70%以上。

#### 1. 第一状态

第一状态就是指人体最健康的状态,通俗地讲就是个体经过系统全面的临床检查,证实身体没有疾病困扰,并且从主观上看没有虚弱的感觉,精力充沛、精神焕发,工作、学习处于积极的状态。

#### 2. 第二状态

第二状态是指人体的疾病状态。在确定人体第二状态时,一定要先按照《国际疾病分类》的标准来确定疾病的种类,最后再根据疾病的病情和程度来确定疾病的状态。

#### 3. 第三状态

第三种状态是指人体的亚健康状态,所谓亚健康状态就是一种非健康又非疾病的一种状态,处在这种状态下的人,虽然没有疾病困

扰,但也不是强壮的健康状态,体质有虚弱的现象,在日常生活中经常表现出:精神欠佳、反应能力迟钝,在为人处世中适应能力较差,而经过医院的系统检查又没有发现患病的客观依据。这种非疾病又不完全健康的状态就是第三种亚健康状态。

## 三、健康的价值

### (一)人民健康是社会发展目标中的基本目标

新形势下的现代社会已经把发展健康当作是人们的一项基本权利和基本要求,把树立"全民健康"的理念看成是全人类、全社会的事业。国外学者马勒博士也曾指出,一定要使人们清醒地认识到,虽然健康不能取代一切,但是一旦失去健康,就会失去一切。从客观的角度来讲,人们的身体健康确实已经成为当前社会发展目标中的基本目标。

### (二)健康是人们奉献社会和享受生活的基础和前提条件

人们想要适应现代快节奏、高质量的生活,首先个体要身体健康、精神饱满,并且有很好的社交能力,如此才能更好地享受生活、优化自己在社会中的地位和发挥应有的作用。反之,如果个体不具备健康的身体和心理,就无法享受幸福的生活,更谈不上奉献社会。所以说,一个人首先应具有健康的体质和心理,这样才能最大限度地诠释生命的意义,奉献社会。

### (三)健康既是学校教育的前提,又是学校教育的首要目标

健康是人类生存的必要前提,不管是工作、学习还是生活,都必须建立在个体健康的基础上。我国的教育方针是:学生要德、智、体全面发展,三个方面各有特定的含义和特定的任务。其中的"体"就是体育,它所肩负的含义和任务就是提高学生的体质、健康水平。例如,一个大学生因为健康状况不佳经常缺课,做事缺乏积极性,即使采用最先进的教学设备和最优质的教学方法,对他也起不到良好的

作用。只有身心健康的当代大学生才能在优质的教学方法的指导下,收获理想的学习成果。由于学校教育在大学生的人生教育中能起到决定性的作用,所以高校应该有目的、有计划地实施各项教育活动。

**(四)健康是社会发展的基本标志和潜在动力**

人们所能呈现出的最完美的状态就是:精力充沛、积极向上、身心健康、充满正能量。人们的个体健康是社会发展的基本标志,一个拥有大批量高素质人才的国家绝对具有可持续发展的优势。在国家可持续发展的政策里,健康的个体体质是发展思想道德和科学文化素质的物质基础,更是培养高素质人才的物质基础。一个社会发展的潜在动力就是拥有健康的、高素质的国民和各科专业的人才。所以说健康不仅是个体和家庭的事,更是人类文明推动社会不断进步的大事。全民健康是社会发展的最终目标,强身健体不仅需要科学、合理的体育运动,还受到多种社会制度的制约。例如,社会文明、社会经济和文化教育等,社会安定团结、紧密向上,社会经济就会高速发展,人们就能安居乐业,同时人们的健康水平就会有极大的提高。

# 第二节 运动锻炼的生理学基础

## 一、运动锻炼的机体生理适应

### (一)运动的生理本质

人在参与运动过程中,感觉是一切运动的开始,其次是心理活动,最后是肌肉的工作与动作的完成,并形成一种反射效应。研究证明,大脑皮层动觉细胞可以和皮质所有其他中枢建立暂时性神经联系,包括内、外刺激引起皮质细胞兴奋的代表区在内。运动的生理机理是以大脑皮质活动为基础的暂时性神经联系。因此,人体运动的生理本质,就是人体建立运动条件反射的过程。

### (二)运动的生理适应

运动锻炼的生理本质就是通过反复的技术训练给予有机体各器官系统一系列的生理负荷刺激,促进自身在形态结构、生理功能和生物化学等方面产生一系列积极的适应性变化,从而改善自我的运动素质、提高技术水平和运动能力,这一良好的适应性变化就称为运动效果。

具体来说,运动者的生理负荷量的大小可以通过某些生理或生化指标来进行衡量。运动锻炼过程中,运动者机体所接受到的运动负荷通常会通过有机体外部和内部两种形式表现出来。其外部表现主要为量和强度,内部表现主要为心率、血压、血乳酸等生理机能指标的变化。刺激强度与运动负荷的大小成正相关关系,即运动者的运动负荷越大,受到的刺激强度越大,所引起的机体反应也会相对越大,各项生理指标的变化也就会更为明显。

运动锻炼过程中机体对锻炼内容的适应需要经过以下几个阶段。

(1)刺激阶段。锻炼初期,机体接受各种运动刺激。

(2)应答反应阶段。在负荷刺激下,运动者机体内部各器官和运动系统的功能产生兴奋并传输到机体各个器官中,最后使整个机体都进入运动状态。

(3)暂时适应阶段。运动者的机体器官和系统持续接受刺激,并持续对这种刺激做出反应,经过持续锻炼,运动者的机能适应刺激,体能、技能得到提高。

(4)长久适应阶段。长期坚持锻炼,使机体完全适应锻炼负荷,在持续锻炼期间,机体运动器官功能和身体机能水平表现较好的稳定水平。

(5)适应衰竭阶段。锻炼不科学合理时,如负荷过低或过高,达不到锻炼效果或导致机体难以承受负荷而受伤。

### (三)运动锻炼的机体变化

运动锻炼以各种身体练习为主要内容,在运动锻炼中,运动者开展各种身体练习活动,以掌握运动技能。要促进身体运动的顺利开展和持续进行,必须遵循人体在运动过程中生理机能活动变化的规律。

从热身开始到进入运动再到运动的结束,运动者生理机能活动变化的规律是指运动者从静止状态,经过一定的热身锻炼之后使机体进入工作状态,在保持运动的过程中不断加大运动负荷,使机体在适应负荷的前提下逐渐达到最大水平,然后逐渐降低运动负荷,直到机体恢复到安静状态。

运动者在参与运动锻炼的不同阶段,通过运动锻炼内容和方法的科学选用,可以帮助运动者始终在运动锻炼过程中保持良好的身心状态,并熟练掌握运动技术,并通过长期参与运动锻炼来提高身体素质和运动水平,使运动者的机体技能对运动产生适应性的变化。

机体在运动过程中的机能变化规律要求科学的运动锻炼,应遵循运动者在运动中机体机能的具体活动变化,通过对运动者的观察控制运动锻炼的进度和运动负荷,以提高运动锻炼质量,促进运动者身体素质的全面发展,同时减少和避免伤病事故的发生。

### (四)机体的运动负荷阈

机体的运动负荷阈,指运动者在运动锻炼过程中适宜生理负荷的低限至高限的范围。运动的强度、持续的时间、练习的密度和数量是构成运动负荷阈的四个基本因素。这四个要素之间关系密切,彼此相互影响,其中任何一个因素的变动将会影响这一次体育运动对机体的生理负荷量。

运动锻炼过程中,运动者的机体承受的生理负荷是运动对机体的有效刺激,是引起各器官系统功能产生适应性变化的原发因素。但刺激引起机体出现反应与适应的程度取决于刺激强度的大小。

运动负荷不同,运动锻炼效果也不同。

(1)当运动负荷过小时,其对机体的刺激强度就会很小,因此将很难引起机体的适应性变化,那么此次的运动锻炼对身体素质的发展的意义不大,甚至不会产生任何作用。

(2)当运动负荷超过了人体所能承受的范围,或者机体疲劳没有得到充分的恢复时,也将会影响身体适应能力的提高,从而导致对运动者的身心健康、身体素质以及运动能力都产生消极的影响,严重情况下可能导致过度疲劳等病理症状出现。

(3)当运动负荷正好在运动者所能承受范围内的上限以下时,对机体允许范围内的适当刺激,有助于加快机体适应过程,并且使机体的形态、结构与生理机能产生对于运动锻炼所预期的适应性改变,即良性适应。

合理的运动负荷可促进机体物质和体能、技能的超量恢复。运动锻炼过程中,运动量的大小是超量恢复强弱的重要影响因素。通常来说,在一定的范围内,运动量越大,人体内各器官和肌肉的功能动用就越充分,能量物质的消耗就越多,超量恢复也就会越显著。超量恢复在一定程度上受到疲劳程度、运动量的大小和营养供给等因素的影响。

## 二、运动锻炼过程中的有机体新陈代谢

### (一)机体物质代谢

1. 糖代谢

(1)糖的生理代谢过程。糖类是人体必备营养物质之一,它是人体十分重要的供能物质。不管人体摄取的糖质是植物还是动物性食物中的,其代谢过程基本一致,具体如下:

①吸收:在消化酶的作用下,食物中的糖逐渐转变为葡萄糖分子(果糖可直接被吸收,无须转变),被人体直接吸收。

②转运:糖经小肠黏膜的上皮细胞葡萄糖运载蛋白转运进入血液,成为血液中的葡萄糖,即血糖。

③合成与储存:血糖可以合成糖原,成为大分子的糖。一般来说,可以将糖原分为两类,一类是肌糖原,即肌肉中合成并储存的糖原;另一类是肝糖原,即在肝脏中合成并储存的糖原。除此之外,肝脏还能够将体内的乳酸、丙氨酸、甘油等一些非糖质物质合成葡萄糖或糖原——糖的异生作用。人体中糖的合成代谢包括人体合成糖原和糖异生等生理过程。

④体内分解:人体内的糖原和葡萄糖分解代谢主要是通过有氧氧化过程、糖酵解过程、乙醛酸途径、戊糖磷酸途径等实现的。糖分解代谢过程释放的能量能够满足机体运动对能量的需要。

(2)糖代谢与运动锻炼。运动过程中,糖作为能源物质分解代谢供能。糖分解代谢可释放能量,能够满足机体运动对能量的需要。

运动者参与运动锻炼过程中,有机体肌肉中 ATP、CP 下降,肌糖原无氧分解增加机体供能。糖分解代谢的同时,生长激素、甲状腺激素、雄性激素、儿茶酚胺等激素也会发生相应变化,从而对肌细胞产生一定影响,使肌细胞不断地产生对机体正在运动的适应性变化。

运动锻炼结束后,机体在运动中消耗的 ATP、CP 和肌糖原在机体恢复期可出现超量恢复的现象;运动后的恢复期或长时间运动过程中,机体也可以重新合成糖来提供所需的能源。

2. 脂代谢

(1)脂肪生理代谢。脂肪是人体重要营养物质,无论是否参与运动,脂代谢与人体的健康都有着非常密切的关系,有规律、有计划的运动能够使机体的脂代谢状况得到有效的改善,而且能有效防治心血管疾病。

人体中,脂肪的代谢过程具体如下:

①吸收:人体对脂肪的吸收方式主要有通过淋巴和血液两种途

径:一种是小肠上皮细胞直接吞饮脂肪微粒;另一种是脂肪微粒进入小肠上皮细胞,分解重新合成脂肪,形成乳糜微粒,再转移进入淋巴管,经吸收后扩散入毛细血管。

②转化储存:人体吸收的脂肪主要在皮下、大网膜、肌肉细胞中等脂肪组织内储存。此外,人体的脂肪还可以通过合成其他物质储存,如合成磷脂,构成细胞膜;合成糖脂,构成细胞膜和神经髓鞘;合成脂蛋白,进入血液。

③分解供能:脂肪分解代谢产生的能量能够提供于多种生命活动过程,能够作为长时间中低强度运动的主要供能物质。人体内贮存的脂肪作为细胞燃料参与供能是通过有氧代谢途径进行的。

(2)脂代谢与运动锻炼。脂肪有人体"燃料库"之称,是人体的第二大能量来源。作为细胞燃料,人体内贮存的脂肪参与供能是通过有氧代谢途径进行的,供能过程通过有氧代谢的途径进行分解和释放热量实现,实验表明,每克脂肪氧化可以产生大约37.62千焦的热量,是蛋白质和糖类产生热量的两倍多。

个体运动锻炼过程中,机体首先是通过分解糖类来获得机体所需能量,其次才是通过脂肪分解代谢为运动者提供能量。

科学运动锻炼可增加机体对脂肪的氧化利用能力,脂肪消耗供能可节约体内的糖原和蛋白质。机体运动锻炼过程中,一般来说,运动强度越大,机体脂肪组织动员利用的脂肪供能量多,强度达到65%最大摄氧量时,动员利用最多,但之后会出现减少。

由于脂肪消耗供能需要在有氧环境中进行,因此,参与有氧运动的运动锻炼可消耗脂肪,实现减肥塑身效果。

### 3.蛋白质代谢

蛋白质构成细胞的基础物质,被称为"生命物质基础",蛋白质的最小构成单位是氨基酸。

(1)蛋白质生理代谢。合成方面,蛋白质先按照DNA模板上核苷酸排列顺序转录成mRNA(一类单链核糖核酸)。随后,接受了

DNA 遗传信息的 mRNA 作为模板,在 tRNA(一类小分子核糖核酸)、rRNA(核糖体 RNA)的共同参与下,按 mRNA 上核苷酸的排列顺序翻译成蛋白质中氨基酸的排列顺序。

分解方面,蛋白质分子在机体消化液的作用下可分解成其基本单位——氨基酸,随后氨基酸被小肠主动吸收进入血液,并经脱氨基作用等代谢过程生成氨、$CO_2$ 和水。用公式表示如下:

$$蛋白质 \rightarrow 氨 + CO_2 + H_2O$$

根据代谢前后的量和是否能满足机体活动,蛋白质代谢可分为三种情况。

①代谢平衡。人体组织蛋白质及一些含氮物质不断分解与再合成。一般情况下,可以通过测定食物中的氮含量和尿中排出的氮量,来了解人体蛋白质代谢情况。一般来说,人体蛋白质的代谢状况与组织的生理活动是相符的。正常成年人体内的蛋白质分解与合成处于一种动态平衡状态,称为"氮总平衡"。

②代谢不足。如果机体组织细胞中的蛋白质的合成大于分解,也就是摄入氮大于排出氮,这种状态称为"氮的正平衡"。由于运动者的消化系统退化,对蛋白质的吸收能力较弱,因此,代谢不足这种情况在运动者身上比较少见。

③代谢过度。有时,机体的蛋白质支出会大于收入。例如,饥饿者或消耗性疾病患者组织细胞中蛋白质的分解就明显地加强,也就是排出氮大于摄入氮,这种状态被称为"氮的负平衡"。对于运动者来说,更需要增加蛋白质的摄入,以提高身体抵抗力。

(2)蛋白质代谢与运动锻炼。在运动状态下,运动者体内的蛋白质代谢主要表现在两个方面。

①机体运动时蛋白质可提供一部分能量。蛋白质可为运动时肌肉耗能提供 5%～15% 的能量。长时间运动会耗尽身体内的糖类储备,这时,可分解蛋白质作为能量,只是这部分能量非常少。

②运动导致骨骼肌蛋白质合成增加,可表现为肌肉壮大。

### 4. 维生素代谢

(1) 维生素生理代谢。维生素是维持人体生长发育和代谢所必需的一类小分子有机物。人体内不能合成维生素，需要通过食物供给。

人体所需各种维生素在结构上没有共性，通常情况下，以溶解性质为主要依据可以将维生素分为包括维生素 $B_1$、维生素 $B_2$、维生素 $B_6$、维生素 $B_{12}$、维生素 C、维生素 PP（烟酸）、叶酸和烟酰胺等在内的水溶性维生素和包含维生素 A、维生素 D、维生素 E、维生素 K 等在内的脂溶性维生素两大类。

维生素不是组织细胞的结构成分，不能直接为机体参与运动提供能量；但是，维生素会参与辅酶的组成，对机体的能量代谢及其调节过程有着重要的作用。如果缺乏维生素就会对酶的催化能力产生影响，引起代谢失调，可干扰机体正常生理活动开展。

(2) 维生素代谢与运动锻炼。运动锻炼过程中，机体的物质代谢加强，对维生素的需要量会随之增加。如果体内缺乏维生素，会影响机体酶的催化作用，可导致一些生理活动的不能正常和顺利进行。

实践证实，适当补充维生素可以增进运动能力。但是，过多地摄入维生素，并不会提高运动者的运动能力。

### 5. 矿物质代谢

(1) 矿物质生理代谢。矿物质，又称无机盐，在人的日常食物中大量存在。不同的无机盐被人体吸收的程度不同，主要包括三种情况。

①钠、钾、铵盐等一般单价碱性盐类，人体吸收很快。

②人体吸收很慢的主要是多价碱性盐类。

③人体不能吸收的主要是硫酸盐、磷酸盐和草酸盐等能与钙结合而形成沉淀的盐。

在人体中，无机盐主要是以磷酸盐的形式存在，其主要在骨骼中存在(如钙、镁、磷元素等),作为结构物质,其他少量的无机盐(如钙、镁)的存在形式则主要是离子。无机盐可在体液中被分解,解离为离子,称电解质,其在调节渗透压和维持酸碱平衡等方面有着非常重要的作用。体液中离子有阳离子和阴离子之分,这些物质在人体的细胞代谢活动中具有重要作用,是维持生命代谢的基础。

(2)矿物质代谢与运动锻炼。运动可影响机体内的矿物质代谢,具体表现在以下两点。

①运动过程中,机体大量出汗会丢失大量的钙。钙缺乏可引起肌肉抽搐,长时间钙摄入不足可使骨密度降低。长期坚持运动可促进钙在骨骼的沉积,增加骨的密度。

②运动可引起体内能一些矿物质的代谢情况发生变化。以铁为例,运动锻炼可导致体内铁的代谢速度加快,使机体存铁含量明显下降,对铁的吸收率降低。此外,铁随汗水排出,可使机体红细胞的代谢加快,铁供不应求。

### 6. 水代谢

(1)水的生理代谢。水是人体的重要成分之一,人体70%是由水构成的,水分是组成生物体的重要成分,是维持生命所必需的物质。

人体摄取水分,主要是从食物和饮料中来,只有小部分是在体内物质代谢过程中产生的。

人体内水的排出形式主要是通过肾脏以尿液的形式排出体外,其次是通过皮肤、肺以及随粪便排出。

保持体内水分代谢平衡是维持机体正常生命活动的重要保证。

(2)水代谢与运动锻炼。运动锻炼可导致体内水的大量流失,具体来说,体育运动锻炼过程中,由于体内产热量增加,水分排出及维持体温恒定的主要途径就是出汗,出汗会导致体内水分的流失。因此,运动者参与运动锻炼应重视机体水分供给变化情况,注意及时、适量地补水,以保持机体水分的平衡,使整个运动更加顺利。

## (二)机体能量代谢

能量代谢对人体的各种运动能力和机能水平具有决定性的影响。一般情况下,把人体能量代谢分为磷酸原供能系统、糖酵解供能系统和有氧氧化供能系统三大系统。运动者从事健身运动,也是由这三大供能系统来提供运动所需能量的。

### 1. 磷酸原系统

ATP(三磷酸腺苷)、CP(磷酸肌酸)含有高能磷酸基团,统称磷酸原,磷酸原可通过高能磷酸基团的转移或水解释放能量,因此,将ATP、CP分解释放能量和再合成的过程,称为磷酸原供能或 ATP-CP 供能系统。

(1)ATP。ATP 是人体内瞬时能量的供体,而不是能量的贮存形式。在运动健身过程中,肌肉内 ATP 分解直接供能,这是人体内能量代谢的中心环节。

ATP 水解的放能反应可以为各种需要能量的生命过程供能,完成各种生理功能。如肌肉收缩、生物电活动、物质合成及体温维持等。

(2)CP。CP 是一种高能量化合物。CP 还是能量传递者,可将线粒体内有氧代谢释放的部分能量转移到细胞质,即将能量从产能部位传递到耗能部位。CP 储存有限,在机体的总储存量为 450~510 毫摩尔。

CP 分解会释放出能量用来重新合成 ATP。CP 在磷酸肌酸激酶(CK)作用下迅速分解放能,供 ADP 与 Pi 重新合成 ATP。

(3)ATP-CP 系统。ATP-CP 供能系统在机体运动过程呈现出以下供能特点。

①供能总量不大,供能快速,供能输出功率最大。

②供能维持短时间运动(一般为 5~8 秒)的能量所需。

③是细胞唯一直接利用的能量来源。

## 2. 糖酵解系统

机体处于不同运动状态,需要机体内不同供能系统工作供能,当机体运动持续的时间在 10 秒以上且强度很大时,磷酸原系统能供给的能量就无法满足机体运动所需。这时,运动能量来源主要靠糖原酵解来提供。

肌糖原是糖酵解的原料,机体参与运动锻炼过程中,机体内部可分解供能并产生乳酸。作为一种强酸,乳酸在体内积聚过多会对内环境的酸碱平衡产生一定的破坏作用,使肌肉工作能力下降,造成肌肉暂时性疲劳。这样一来依靠糖原无氧酵解供能也只能使肌肉工作持续几十秒。无氧酵解供能时,不需要氧,但产生乳酸,因此,被称为"乳酸能系统"。

乳酸能系统在缺氧情况下仍能产生能量,以供体内急需,是其重要的生理意义,其供能过程复杂,可简单表示如下:

$$骨骼肌糖原或葡萄糖 \xrightarrow{糖酵解} ATP + 乳酸$$

具体来说,糖酵解供能是体能的糖经过一系列代谢反应生成乳酸并释放能量的过程,就叫作糖酵解途径或糖酵解供能系统,此过程是在细胞质中进行的一连串复杂的酶促反应。在氧供应不足的条件下,人体骨骼肌糖原或葡萄糖酵解,生成乳酸并释放出能量合成 ATP,用以补充在运动中消耗的 ATP,维持运动的继续进行。在无氧情况下,1 摩尔或 180 克糖原理论上可产生 2 摩尔或 180 克乳酸及 3 摩尔 ATP。

磷酸原系统和糖酵解系统供能过程都是不需要消耗氧的无氧代谢过程,它们是人体运动时的无氧代谢供能系统的重要组成部分,为短时间人体进行极量运动提供所需的能量。当运动持续 30 秒左右时其供能达最大速率,可维持 1~2 分钟,随后供能速率下降,其主要表现为运动强度下降。这种供能多出现于激烈的机体运动中,在运动者的运动健身过程中较少发挥作用。

### 3. 有氧氧化系统

人体在参与运动的过程中,当氧的供应充足时,运动所需的ATP便主要由糖、脂肪的有氧氧化来供能。

(1)糖的有氧代谢。体育健身过程中,当氧供应充足时,肌糖原或葡萄糖可被彻底氧化分解成 $H_2O$ 和 $CO_2$,并释放大量能量的过程,即糖有氧代谢。用公式简单表示如下:

$$骨骼肌糖原或葡萄糖 \xrightarrow{\text{有氧氧化}} ATP + CO_2 + H_2O$$

(2)蛋白质的有氧代谢。在长时间大强度运动中,人体内存在蛋白质降解和氨基酸参与供能的情况。但即使当食物中供糖不足或糖被大量消耗后,蛋白质供能也很少。

(3)脂肪的有氧代谢。脂肪参与供能只能通过有氧代谢这一途径,因此,有氧运动可有效燃烧脂肪,达到瘦身健美的目的。脂肪的有氧氧化过程用公式简单表示如下:

$$脂肪 \xrightarrow{\text{有氧氧化}} ATP + CO_2 + H_2O$$

有氧氧化能提供大量的能量,可以保证人体参与长时间的耐力活动,可使肌肉较长的工作时间得到有效的维持,是耐力素质发展的重要基础。有氧氧化系统是人进行长时间耐力活动的主要耐力系统。

关于上述三个供能系统,不同能源物质的分解代谢途径提供能量的速率不同,一般地,运动中各供能代谢系统的活动及其相互关系与运动负荷的强度和持续时间密切相关。运动实践表明,随着个体运动时间的延长,机体的能量供应会由以糖有氧氧化为主逐渐过渡到以脂肪氧化为主。

## 第三节 运动锻炼对人体生理健康的影响

运动对健康影响主要表现在四方面,即健身、健心、健情、健德。健身即运动能促进身体结构、机能的健康;健心即运动促进人心理健康;健情即运动促进人的社会适应性,提高情商;健德即运动提升人的道德水平,建立诚实、平等的品德,树立公平、公正、公开的信念。本节主要讨论运动对人体生理健康的影响。

## 一、运动对人体生理机能的影响

"生命在于运动。"只有经常参加锻炼的人才不会生病或少生病,体育锻炼在健康当中是举足轻重的。

那么运动锻炼对人体到底有什么作用?

### (一)运动对中枢神经系统的作用

任何的体育锻炼、身体的活动,都是在神经系统的支配下完成的。反过来,体育锻炼过程中身体的各种活动也影响神经系统的变化。这种变化首先表现在能够改善神经系统的功能,使其反应变得灵活、迅速、准确和协调。使之发生变化的生理机制主要是条件反射。肌肉和骨骼的活动通过长期的反复的重复出现,形成了一定的条件反射,这种条件反射能够不断地提高大脑皮层的功能。

体育锻炼能够消除脑细胞的疲劳,从而提高工作和学习效率。我们知道,氧气和其他营养物质是脑神经的生理活动的物质基础,脑需氧量几乎占全身的1/4,是肌肉需氧量的20倍左右。只有经常参加体育锻炼的人,才能获得更大的氧气储备的能力,以供学习、生活等方面的需要。这就好比一台加满了油的汽车,开足马力,快速飞奔。

人的大脑的活动是靠脑细胞的兴奋与抑制相互转化、相互平衡来实现的。看书时,思考和记忆这部分脑细胞就处于兴奋状态,而其他脑细胞则处于抑制状态。如果看书时间过长,就会出现头昏、脑涨等现象,这是因为脑细胞兴奋到一定程度时,由于能量的消耗,就会产生保护性抑制,这时,就需要放下书本进行体育锻炼。体育锻炼时,由于运动中枢逐渐兴奋,而使原来处于抑制状态下的思维记忆细胞得到休息,这样就使脑疲劳消除得更快。另外,由于锻炼加快了血液循环,更多的血液被提供给脑细胞,从而使大脑获得更多的氧气或其他营养物质,然后提供学习、工作等脑力劳动的需要,如此反复。

我们懂得了这个道理,也就知道了神经衰弱产生的根本原因——既不参加体育锻炼又不进行体力劳动。

### (二)运动对心血管系统的作用

体育锻炼时促使心脏收缩的频率加快,幅度加大,从而使心肌壁增厚,心脏力量增强,最后使心脏的重量和体积增加,心脏的容量增多。

体育锻炼能使血液中的红细胞、白细胞和血红蛋白的含量增加。

一般人每毫升血液中,红细胞男子为 450 万～550 万个,女子为 380 万～450 万个,经常参加体育锻炼的人可达 600 万个左右,运动员能达到 700 万个。

血红蛋白的含量,一般人为 600 克左右,经常参加体育锻炼者可达 700 克左右。

体育锻炼可预防和治疗心血管疾病。一些病理学专家通过调查发现,脑力劳动者的冠状动脉硬化发生率可达 14.5%,而经常参加体育锻炼者的发生率只有 1.3%。

经常参加体育锻炼的人在高血压发病率方面,约为一般人的 1/3。这是因为通过肌肉活动对大脑皮层的影响,使调节血管收缩和舒张的神经中枢活动趋于正常,促使血压下降。另外,值得一提的是,运动中肌肉收缩所产生的一些化学物质(三磷酸腺苷等)流入血液内,有扩张血管的作用,也会使血压下降。

### (三)运动对呼吸系统的作用

人在安静状态下每分钟需要的氧气量是 0.25～0.3 升,这样的数量只需要 1/20 的肺泡张开就够了,这就是说,大部分的肺泡只能是无事可做。长期下去,根据不用则废的原理,呼吸肌就要逐渐变得软弱无力,呼吸系统的功能就要下降。

经常参加体育锻炼就能有效地提高呼吸系统的功能,使呼吸肌增强、肺活量增大、呼吸机能得到改善。这是因为由于锻炼,身体耗氧量增多,排出的二氧化碳也增多,加速了新陈代谢,使呼吸运动加快,促使呼吸肌、胸廓和呼吸器官加强工作,逐渐地呼吸肌就会变得强健有力。由于胸廓的活动范围扩大,促使充满气体的肺泡增多,从而使肺活量增大。

呼吸系统功能的提高,促使呼吸深度加大,呼吸频率减慢,使呼吸器官有更多的休息时间,不易疲劳。

气体只有在肺泡中才能和血液进行交换,每次吸入的气体都要在呼吸道空间残存相当一部分气体(大约0.5升)。肺通气效果的好坏是看实际到达肺泡空气的多少而定。在肺通气量相等的情况下,一般人的呼吸虽然频率很快,但真正进入肺泡的空气却很少。经常参加体育锻炼的人每分钟呼吸次数是12~16次,每次呼吸量是600毫升,每分钟呼吸量大约在9600毫升。一般人每分钟呼吸次数是20次以上,每次呼吸量只有300~400毫升,这样,每分钟的呼吸量也可达到9600毫升左右。表面上看呼吸量似乎相等,但是,呼吸道(鼻、咽、喉、气管、支气管)这部分空气是不参加肺泡气体交换的。经常参加体育锻炼的人在肺泡中交换的气体为7200毫升,一般人只有4800毫升,可见二者在肺泡中实际的气体交换的差异是很大的。

**(四)运动对人体运动系统的作用**

人体的运动系统有骨骼、肌肉和关节,运动对它们都产生影响。

### 1. 运动对骨骼的作用

骨骼是组成人体的支架。由于骨的科学构造和化学成分赋予骨以极大的坚固性,所以,骨能承担很重的负荷,并且可以使人体灵活地做出各种精巧的复杂动作。

经常参加体育锻炼的人,能使骨的结构和性能发生变化。主要表现在骨密度增高,使骨变粗。骨小梁的排列由于肌肉的牵拉和外力的作用,使之更加规则,从而加强了骨的坚固性。韧带在骨骼上的附着部位如结节、粗隆等变得更加粗糙明显,这有利于肌肉、韧带更牢固地附着在上面,提高骨的抗弯、抗断和耐压等性能。

体育锻炼可以促进骨骼增长的速度和幅度,经常进行锻炼的青少年比一般的同龄人的身高平均高出 4~7 厘米。

### 2. 运动对肌肉的作用

体育锻炼能使肌肉工作加强,新陈代谢旺盛,毛细血管开放数量增多,从而使血液供应增多。蛋白质等营养物质的吸收与贮存能力增强,肌纤维变粗,肌肉体积增大,骨骼肌横断面增大。以上这些变化,使肌肉变得更加粗壮、结实、发达而有力量。

另外,经常进行体育锻炼还能使肌肉中贮存氧气的"肌红蛋白"增多,贮存的营养物质"肌糖元"也增加,肌肉内毛细血管的数量也大大增加,使肌肉有更多的物质贮存。

强壮有力的肌肉不仅会给生活、学习和工作等各方面带来方便,同时也会给人以美的享受。隆起的肌肉、清晰的线条等就是健美的主要的外在的特征。

### 3. 运动对关节的作用

关节是人体运动的枢纽,任何运动都离不开关节的作用。经常进行体育锻炼,可以使关节周围肌肉的力量得到加强,韧带更富有"韧"性,促使关节运动的幅度加大,提高关节的灵活性和稳定性。

## (五)运动对消化系统的作用

运动对消化系统的整体机能有提高作用,能加强胃肠蠕动,促进肠道的排空。坚持经常运动锻炼,能使胃肠平滑肌和消化道的括约肌收缩力增强,增加胃肠蠕动力量,保持和增强胃肠的推进蠕动,预防和改善胃食道返流症,促进排便。还能使固定肝、胃、脾、肠等内脏器官的韧带得到加强,有效防止胃肠下垂。

经常有规律地运动锻炼,能促进消化液分泌和脂肪代谢,使胃液、肠液、胰液和胆汁分泌量增加,提高食欲,增强消化道对食物的消化吸收能力,提高血液摄取食物营养素的效率。肝脏的脂肪代谢在运动锻炼的作用下变得活跃,糖异生作用加强,在运动中被消耗掉,因此运动可以防止脂肪肝的产生。

经常运动能增强胆囊蠕动,促进胆汁排出,减少胆囊内胆汁淤积,防止胆囊炎、胆囊结石等的发生。

### (六)运动对免疫及内分泌系统的作用

运动有改善植物神经平衡的作用,能提高副交感神经的兴奋性,促进内分泌活动,增强人的免疫力,延缓衰老。研究表明,运动增加外周血中T淋巴细胞和单核细胞数量,提高NK细胞的活性和机体免疫反应效价。

研究表明,中低强度运动可使内分泌的肾上腺素维持正常,生长激素分泌增加,胰岛素分泌增加,甲状腺素和雄、雌激素分泌维持正常,最终使内分泌向有利于健康的方向发展。运动能促进生长,延缓衰老,保持血糖正常代谢,全面提高免疫力,最终减少疾病的发生。

## 二、运动、体适能和健康

虽然前面描述了运动锻炼对人身体健康的影响,让我们以为运动与健康的模式是非常简单的,即运动直接导致健康的结果。但实际情况比之更复杂,运动与健康的关系模式是更加多样的。

### (一)运动与健康关系模式

运动与健康的关系的确在某些时候正如我们认为的那样非常简单,即体力活动与健康益处相关。图2-1描绘了连接体力活动和健康的最简单路径,表明高水平的体育活动可以转化为高水平的健康;反之,低水平的体育活动可能会转化为不利的健康结果。然而,现实可能更为复杂,运动包含各种要素,如运动强度、运动持续时间、运动频率、运动总量、运动项目等,这些不同因素的变化导致运动健康效应都可能不同。另外,运动与健康的简单线性关系是在一定范围内才呈现的。例如,运动负荷过大可能不一定有利于健康,反而会造成身体疲劳或损伤等。

运动 ————————————→ 健康

**图 2-1　运动与健康关系的最简单模式**

### (二)运动、体适能与健康关系模式

在运动、体适能与健康的三者关系中,存在这样的情况,即运动促进健康机制可能是通过影响体适能实现的;也可能存在另外的情况,即运动促进健康时,体适能并没有发生变化,也就是说,运动直接影响健康可能是通过或不通过体适能的作用。

#### 1.运动通过影响体适能促进健康

一般来说,在大多数人中,规律的体育锻炼会提高身体健康的程度。其中,运动增加心肺耐力和胰岛素作用的组织如骨骼肌对血糖的吸收,高密度脂蛋白胆固醇的增加,血压下降,全身脂肪减少。这种健身的改善可能对整体健康产生有利的影响,这是运动影响健康的基本路径。如图 2-2 所示,运动促进健康水平提高,是通过心肺机能、肌肉力量和耐力、身体成分等体适能的提高来实现的。

运动 ————→ 体适能 ————→ 健康

**图 2-2　运动通过体适能促进健康的作用模式**

#### 2.运动不通过体适能而直接促进健康

但是,也有如上述第一种模式所表明的,尽管健康益处直接来自体育活动,而在体适能方面可能没有或几乎没有相关的好处,即运动直接有益于健康而不通过体适能的变化来实现。

因此,运动、体适能和健康之间可能存在两条路径(图 2-3),即运动有助于正常的体力活动和健康之间的关系,一个独立于体适能的变化,另一个取决于体适能的提高。

运动 ⟶ 体适能 ⟶ 健康

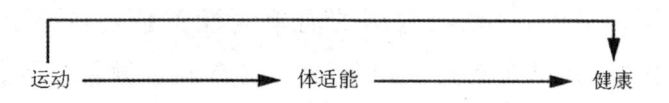

图 2-3　运动促进健康和体适能的作用模式

### 3. 健康、体适能对运动的影响

不仅仅运动影响健康,实际上,健康和体适能反过来也能影响运动。一般现实中的实际情况比图 2-2 及图 2-3 所示的路径所显示的情况要复杂得多,健康和体适能的水平能反馈影响运动(或体力活动)的水平。例如,更健康的人通常是更积极活动的人群,因此,从活动或运动健身到健康的路径不一定是单向因果路径,而是双向的相互影响。习惯性的体育活动会影响身体健康,而这又可能会反过来进一步提升习惯性体力活动的水平;对于运动与体适能的关系也是如此,运动促进体适能的提高,具有很好的体适能的人会更加积极地参与运动(图 2-4)。例如,随着健康水平的增加,人们变得更加活跃好动,使之成为最好动的人。只有考虑到这些潜在的混杂关系,才能更好、更深入地了解体育活动和健康之间的关系。

运动 ⟶ 体适能 ⟶ 健康

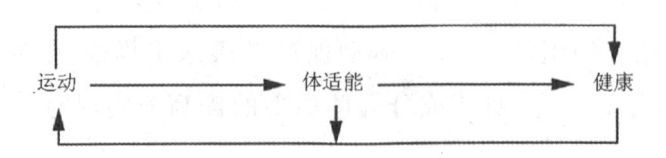

图 2-4　运动与体适能、健康的双向作用模式

### 4. 运动、体适能与健康相互关系模式

不用说,运动、健康相关的体适能和健康水平之间的关系比以前的模型更为复杂。图 2-5 说明了这些关系中的特别复杂性。这个模型表明,运动会影响体适能,而这又可能会改变习惯性体育活动的水平。它不仅表明运动锻炼与体适能的关系,即随着体适能的提升促进人们越来越积极地锻炼健身,而最适的体适能人群往往是锻炼最积极的。它还表明了体适能与健康有互惠关系,也就是说,体适能影响健康,健康状况也影响习惯性体力活动水平和体适能水平。其他

因素与健康状况的个体差异有关。同样,体适能的水平并不完全取决于一个人的习惯性体力活动水平。其他生活方式行为,物理和社会环境条件,个人属性和遗传特征也影响基本模型中的主要组成部分,并决定它们之间的相互关系。

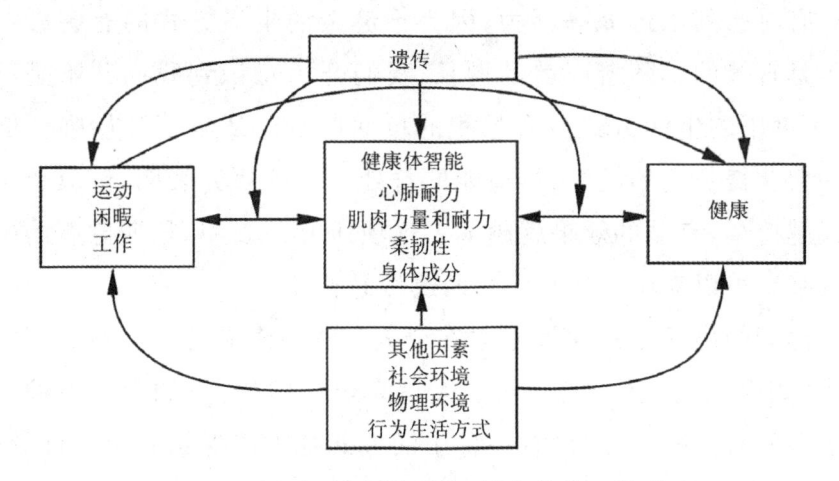

图 2-5  运动、健康体适能、健康的关系模式

## 三、HELP 健康教育理论

美国青少年体适能教育计划实施中所提出的"HELP"健康教育理论可以为健康生活方式的改变提供基础。"HELP"即"Health is available to Everyone for a Lifetime and it's Personal",代表"健康(Health)、整体(Everyone)、终身(Lifetime)和个体化(Personal)",即每个人一生中都可以以各种方式获得自己的健康。

强调健康的个人哲学可以导致促进健康的行为。"HELP"中的"H"代表健康。一种被广泛测试的理论表明,相信健康生活方式有益的人更有可能从事健康的行为。该理论还表明,那些打算将自己的信念付诸行动的人可能会采取一些导致健康的行为。

每个人都能从健康的生活方式中受益。"HELP"中的"E"代表每个人、整体或所有人。接受任何人可以改变一种行为或生活方式的事实,意味着你也被包括在内。然而,许多成年人觉得生活方式的改变是无效的。体育活动不仅仅是运动员的活动,它也是全民的体育活动。健康的生活方式可以人人实践。如上所述,重要的健康目标包括消除健康差距和促进"人人健康"。

健康的行为在一生中总有效。"HELP"中的"L"中代表终身。年轻人有时感到永远充满活力,因为不健康的生活方式的有害影响往往不是直接的。随着年龄的增长,我们开始意识到我们并不是不朽的,不健康的生活方式也有累积的负面影响。从早期开始强调健康行为会获得长期的健康、体适能的益处。一项研究表明,健康的生活方式越持久,有益的效果就越大。这项研究还表明,长期健康的生活方式甚至可以克服疾病和疾病的遗传易感性。

健康的生活方式应该建立在个人需求的基础上。"HELP"中的"P"代表个人、自己。没有两个人是完全一样的,正如没有一种药丸能治愈所有疾病一样,没有一种生活方式处方能保证每个人都健康。每个人都必须根据这些需要评估个人需求并改变生活方式,建立起适合自己的健康生活方式。

# 第三章 运动健身的原则与方法

## 第一节 运动健身的原则

运动健身应按照人体生长发育的基本规律,合理地进行体育锻炼,这样就可以促进身体的生长发育,改善和提高各器官系统的功能,提高身体素质,增强体质,延缓衰老,延年益寿。反之,则不利于身体健康。因此,进行体育锻炼时,应遵循一些基本原则。

### 一、渐进性原则

#### (一)渐进性原则的含义

渐进性原则是指体育锻炼的要求、内容、方法和运动负荷等,都要根据每个人的实际情况,由简到繁,由小到大,由易到难,由低级到高级,循序渐进、逐步提高地进行。

渐进性原则包括体育锻炼内容的渐进性,主要指运动项目包含的技术动作内容的渐进性,学习的开始动作应该简单、容易,形式单一,随着水平的提高,再逐步增加锻炼内容,加大动作的难度。运动负荷的渐进性是渐进性原则的关键,要制订运动计划,在运动强度、运动持续时间、运动频率等方面要从小到大、从低到高,计划逐步进行。

## (二)渐进性原则的依据

科学研究表明,人体对运动刺激有一个逐步适应、循环往复的过程,人体各器官的机能,不是一下子可以提高的,它是一个逐步发展、逐步提高的过程,即锻炼效果是一个缓慢的由量变到质变的逐渐积累的复杂过程。如果违反循序渐进的原则,急于求成,不但不能有效地增强体质,还会损害健康。

另外,人对事物的认识也是一个渐进的过程。认识论告诉我们,人对世界的认识是一个从简单到复杂、从低级到高级的过程,是从认识到实践再到认识不断循环往复的过程。因此健身过程中,人对运动技能的掌握熟练过程也就是对运动项目的不断再认识过程,是一步一步慢慢提高的。

所以进行身体锻炼应有目的、有计划、有步骤地实施,在安排运动负荷时应注意由小到大逐步提高,其原则是提高——适应——再提高——再适应。

## (三)渐进性原则的要求

### 1.制订运动计划

运动健身的渐进性并不意味着运动健身锻炼的随意性,而是严格按照运动计划,逐步增加运动内容、逐步加大运动负荷,一步一步按照预订的计划完成运动健身目标。因此,制订并严格执行运动计划是运动健身锻炼的第一步。

### 2.掌握自身身体状况

运动健身过程的进展情况要根据锻炼者的身体状况而定,我们在运动中增加多大的运动负荷、运动内容应当根据自己的身体状况来确定。应根据年龄、性别、身体素质水平,因人而异确定运动内容和运动负荷。在体育锻炼期间,应根据每个人对锻炼负荷的耐受水平不同而区别对待,采用一个"渐进速率"以保证安全有效。有人认为应依照"10％规则"。这个规则的含义是：每周运动强度或持续时间的增加不能超过前一周的10％。例如，一个每天跑步20分钟的锻炼者，在下一周可将每天的跑步时间增加到22分钟。当锻炼者达到他所希望的体能水平时，就无须再增加运动强度或持续时间。实际上，一旦达到所希望的体能水平后，以某种固定的负荷进行有规律的锻炼，就能保持这种体能水平。

### 3. 应遵循人体生理机能活动变化规律

人体活动能力的提高，要经过上升阶段（机体适应过程）、稳定阶段（机体进入工作状态）、下降阶段（机体产生疲劳），所以每次锻炼前要做好充分的准备活动，使身体"预热"，减少肌纤维之间的摩擦。结束前应做好整理放松练习，尤其是早晨或寒冷的冬天，更应重视准备活动，这样可以防止运动损伤和产生不舒服的感觉。

## 二、自觉性原则

### （一）自觉性原则的含义

自觉性原则是体育锻炼者应有明确的目的，对已设定的行为目标能采取一种主动性行为，自觉积极地进行体育锻炼。体育锻炼本身是一个克服自身惰性、战胜各种困难的自我锻炼、自我完善的过程，也是自我养成良好习惯的过程。要想收到体育锻炼的预期效果，必须以主动积极的态度，自觉地坚持锻炼才行。

### （二）自觉性原则的要求

贯彻自觉性原则，应注意以下三点。

### 1. 要做到自觉锻炼，首先必须明确锻炼目的

运动健身锻炼首先能为我们自己带来一个好的体魄。健康的体魄能给自己带来一生的幸福，也能为国家、社会、家庭带来更多的贡献。运动健身还能丰富文化生活、调节情绪、活泼身心、陶冶情操、锻炼意志等。了解了运动健身的各种益处，就能使我们明确运动健身

的目的,增强体育锻炼的自觉性和主动性。锻炼在于自觉,锻炼者应把锻炼的目的与动机和树立正确的人生观联系起来,这样,才有助于形成或保持对身体锻炼的兴趣,调动和发挥更大的主动性和积极性,使体育锻炼建立在自觉的基础上,以期得到更好的锻炼效果。

2. 应充分认识体育锻炼的特点和作用

锻炼者可以先了解体育相关知识,懂得体育锻炼的益处,并与亲身的运动体验结合,体会体育的好处和乐趣。体育锻炼的内容与形式是多种多样的,每个人都可以选择自己喜爱的运动项目和形式,并有意识地培养锻炼的兴趣。当一个人对体育锻炼产生兴趣之后,他进行锻炼的情绪才是高涨的,感受才是积极的。但是,仅仅停留在兴趣阶段是不够的,而是应从兴趣入门,逐渐形成一种自觉行动和良好的体育锻炼习惯。

3. 要使锻炼更具自觉性,还应经常检验锻炼的效果

例如,定期测试一下身体素质、形态、某些生理机能指标和运动成绩等方面的增长、变化及提高情况,也可用饮食、睡眠、精神状态及学习时的注意力等情况的对比来检验锻炼的效果。这样不仅可以检验锻炼方法是否得当、有效,还可以看到锻炼的成效,从而使体育锻炼的兴趣与信心进一步增强,自觉性更高。

## 三、经常性原则

### (一)经常性原则的含义

经常性原则是指体育锻炼应坚持长期地、不间断地、持之以恒地进行,使之成为日常生活中的重要内容。

众所周知,生命在于运动,运动宜贵有恒。人的有机体,只有在经常的体育锻炼中方能得到增强。根据"用进废退"的法则,如果长期停止锻炼,各器官系统的机能就会慢慢减退,体质就会逐渐下降。因此,参加体育锻炼必须持之以恒,不能三天打鱼,两天晒网。

### (二)经常性原则的依据

在体育锻炼对人体给予刺激的过程中,每次刺激都产生一定的作用,这种刺激使动作技能形成的条件反射得到强化,机体结构和机能产生新的适应,不断增强体质。如果坚持经常锻炼,使之成为作息制度的一个组成部分,就会形成生物钟节律,有助于提高锻炼效果。反之,体育锻炼时断时续或长时间停止锻炼,已形成的动作技能就会消退,身体各种机能、素质就会慢慢减弱。因此,强健的体魄和较高的运动水平,并非一朝一夕所能练就,已取得的锻炼成果也不是一劳永逸的。只有经常坚持体育锻炼,保证锻炼时间、次数、强度的衔接性和连续性,才能收到良好的锻炼效果。

### (三)经常性原则的要求

1. 合理地安排锻炼间隔

在每天的生活中,要有规律地坚持体育锻炼,合理安排时间,开始可隔日一次,适应后再增加次数。

2. 正确看待和克服运动锻炼的正常生理反应

锻炼后产生肌肉酸痛是正常的生理反应,随着机体的适应会逐渐消失,在此之间,锻炼者要有毅力去完成每次锻炼的内容,保证锻炼时间和质量,不断增加锻炼的信心。

3. 要坚持持之以恒

体质的增强和素质的提高,都是经常刻苦锻炼的结果,而人的运动能力,也不仅仅是运动器官的能力表现,往往取决于内脏器官、血液循环系统等整个机体的适应过程。同时有赖于中枢神经系统的调节,这个复杂的协调过程,要从不适应过渡到完全适应,需要一个较长的转化过程,这个过程就要通过不间断的锻炼,达到从量变到质变。

## 四、全面性原则

### (一)全面性原则的含义

全面性原则是指身体锻炼应全面发展身体的各个部位、各器官系统的机能、各种身体素质和活动能力，追求身心的和谐发展。通过体育锻炼使身体形态、机能、素质和心理品质等都得到全面和谐的发展，这也是体育锻炼的目的。

### （二）全面性原则的依据

人体是一个整体，各器官系统是相互影响、相互制约的。比如，人的神经对人体的其他组织器官的活动起调节作用，人的神经系统的发展必然会制约人体运动系统、心肺系统等的发展提高。因此我们在锻炼运动系统的同时也应该注重对神经、内分泌等人体调节系统的训练，使两者和谐发展，相互促进。同时，人体各系统之间也是相互联系、相互促进的，任何局部机能的提高，必然促进机体其他部位机能的改善，当某一运动素质得到发展时，其他运动素质也会不同程度地有所发展，某一方面的锻炼与发展，也会对其他方面产生积极的影响。但如果体育锻炼的内容和方法单一，也会给锻炼带来很大的局限性，机体不能获得良好的整体效应。因此，在选择体育锻炼的内容和方法时要做到全面发展。另外，人的构成既有生理层面的，也有心理和社会层面的。单从生理层面看，人体的形态、机能以及各器官系统的功能也是一个相互影响的系统，体育锻炼要从各方面对人加以改造，改造对象的多样性要求改造方法的多样性与改造过程的全面性。

### （三）全面性原则的要求

#### 1. 锻炼内容应多样

体育锻炼不仅应包括不同身体部位的活动，更重要的是应该包括多种项目和不同性质的活动，进行全面锻炼。要达到这一点，一方面，尽可能选择对身体有全面影响的运动项目，如跑步、游泳等；另一方面，也可以某一项为主，辅以其他锻炼项目，不要过分进行单一性锻炼。身体形态锻炼和内脏器官的锻炼要紧密结合，使有机体全面、协调地发展。在肢体锻炼上，利用各种徒手操、韵律操、健美操，能使身体形态匀称的发展,在内脏器官的锻炼上,要以有氧代谢练习为主,除了走、跑交替、匀速跑、滑冰项目之外,健美操也可以有效地提高心肺机能水平,达到身体形态锻炼和内脏器官锻炼的内外结合,协调统一。

### 2.身体素质锻炼要全面发展

因为各项身体素质之间是互相影响、互相作用的,一项素质得到发展,将促进其他素质不同程度的提高。但是还应看到,各项身体素质在发展过程中也存在着相互制约的一面。例如,长期只从事力量练习,心肺功能就不会得到较大提高;长期只从事长跑锻炼,耐力会有很大发展,而速度、力量素质不会有较大提高;长期只从事身体一侧肢体的活动,另一侧肢体就不会得到发展。因此,在体育锻炼中,既要注意身体素质的全面发展,也要有所侧重发展几项素质和弥补自身薄弱的素质锻炼。

### 3.心理锻炼和身体素质锻炼应结合

个人运动项目增强身体素质、提高身体机能,集体运动项目在强身健体的同时,还能促进团队合作意识、提高社会适应力。两者结合能全面锻炼人的心身。我国古代的养生学家认为:"形恃神以立,神须形以存。"讲的就是锻炼身体和精神相互依存,不可缺一,现代运动心理学实验研究表明,在锻炼过程中,增加默念(念动)练习,对完成动作和提高身体锻炼效果有积极的作用。因此,只有二者有机地结合,才能收到健身、健体、愉悦心理、陶冶情操的良好效果。

## 五、个别性原则

### (一)个别性原则的含义

个别性原则是指每个参加体育锻炼的人,应根据自己的实际情况,选定锻炼内容和方法,安排运动负荷。客观地讲,每个参加体育锻炼的人,情况都不尽相同,如年龄、性别、健康状况、锻炼基础、营养条件、生活及作息制度等。因此锻炼者应根据自身状况进行正确估计,从实际出发,使锻炼的负荷量适合自己的健康条件,以期达到良好的锻炼效果。

### (二)个别性原则的依据

世界上没有完全相同的两种事物,人的发展具有差异性。由于遗传素质、家庭环境和个人成长经历的不同,具有共同的年龄特征的人,在身体形态、运动素质、身体机能、运动成绩、运动态度和方法、兴趣和爱好、气质和性格、禀赋和潜能方面都会存在很大的差异。对由个性完全不同的锻炼者组成的集体,也不能用同一标准同样要求指导运动练习,而是适应每个人不同需要及可能进行有针对性的指导。

### (三)个别性原则的要求

#### 1.了解锻炼者的生理机能状况

教练应充分了解锻炼者的生理机能状况和运动水平,包括年龄、性别、身体素质、身体机能状态等,锻炼者自身也应完全掌握自己体能技能状态,然后制订适合锻炼者条件的相应的运动计划。

#### 2.充分发挥特点,全面发展

最大限度地挖掘和发挥人(个人或群体)在体力、心理、智力等方面的潜力的基础上,选择适合锻炼者自身特点的运动项目和运动方式,发展优势不断练习。同时也要注意自身存在的问题和缺陷,努力弥补,做到全面发展身体。

## 六、适量性原则

### (一)适量性原则的含义

适量性原则是指参加锻炼者应承受一定的运动负荷。

运动负荷的适量实质上包含两层含义:一方面,运动锻炼时要具有一定的运动负荷,不能太小,否则运动锻炼就变成了休闲娱乐,起不到锻炼效果;另一方面,运动锻炼时运动负荷不能太大,急功近利,想短期内获得明显的效果。在体育锻炼中,运动负荷是否适宜,直接关系到锻炼的效果,实践证明,运动负荷太小,对机体刺激不能引起功能的变化,锻炼效果不明显;运动负荷过大,超出所能承受的范围,不仅不能增强体质,而且有损于健康。

运动负荷是指人体在运动时身体所承受的生理负荷。它包括负荷量和负荷强度两个方面。量是指完成练习的数量、次数、组数、时间、距离和重量等;强度是指完成练习所用力量的大小和机体的紧张程度,它包括动作的速度、练习的密度、间歇时间的长短、负重的重量、投掷的距离、跳高的高度等。量和强度是决定运动负荷效果的主要因素,合理安排运动负荷原则是指在身体锻炼中,要根据锻炼者自身的情况,合理地安排运动负荷。既能使身体产生一定的疲劳,又能承受,并能与休息合理地交替。

**(二)适量性原则的依据**

适量性原则遵循了人体生理的超量恢复原理。在身体锻炼中,有机体在承受了一定的运动负荷后会因能量的消耗而产生疲劳。经过一段时间的休息和营养的补充,体内的能量物质和身体机能水平才能得以恢复。在反复的刺激—恢复—刺激下,如果运动负荷恰当,机体不仅能恢复到原有的水平,而且能出现超过运动前的能量储备和机能能力,这就是生理上的超量恢复。经常地超量恢复并合理地安排运动负荷和休息间隔,体质就能逐步得到提高。

**(三)适量性原则的要求**

1. 运动负荷的大小,应因人而异

同样的运动负荷,对青少年来讲可能是小,而对老年人来讲,则可能过大;要根据锻炼者的性别、年龄、体质状况、营养、睡眠、专业特点、学习和工作强度来合理安排运动负荷。

### 2.运动负荷应根据身体机能状况进行调整

对个体来讲,同一个运动负荷,在锻炼初期是适宜的,但经过一段时期的锻炼,机体产生了适应性,就可能小了。适量的运动负荷不是长期不变的锻炼模式,随着人体机能水平的提高,应不断进行调整。当人体适应了一定的运动负荷后,运动负荷应当适当增加,使人体适应新的运动负荷的刺激。但当人体机体状态不佳感到疲劳时,应当适当降低原有的运动负荷,待身体机能恢复后再增加运动负荷。

### 3.运动负荷的大小,应因时而异

根据季节、气候的变化,适当调整运动负荷。如寒冷的冬天要适当缩短锻炼时间,以防冻伤。

### 4.为了在体育锻炼中合理地安排运动负荷,通常采用脉搏控制的方法来确定锻炼负荷

(1)一个人接近极限运动时的脉搏(假设 200 次/分)减去安静时脉搏(假设 60 次/分)的 70%,再加上安静时脉搏的基数 60 次,是对身体较合适的运动负荷。即适宜的运动负荷=(200-60)×70%+60=158(次/分)。

(2)以脉搏 150 次/分以下(平均是 130 次/分)运动负荷的指标来提高有氧代谢能力。

(3)以 180 次减去自己的年龄,作为锻炼时的每分钟平均脉搏。

## 七、安全性原则

### (一)安全性原则的含义

安全性原则是指我们在体育锻炼的过程中应始终注意保护自己,做到安全第一,健康第一。

### (二)安全性原则的内容

其主要内容包括:

(1)在制订或实施锻炼计划前,一定要进行体检,得到医生的许

可。如果患者有某种疾病或者有家族遗传病史,就需要找医生咨询,在有医务监督的情况下按照医生的建议进行锻炼。而且在长期锻炼过程中,每年至少做一次体检,及时调整健身方案。

(2)在有条件的情况下,请运动医学专家根据你的体质健康状况开出运动处方,它可以指导你有目的、有计划地进行安全、科学的锻炼。

(3)每次锻炼前必须要做好充分的准备活动,克服内脏器官的生理惰性,防止出现运动损伤。

(4)饭后、饥饿或疲劳时应暂缓锻炼;疾病初愈不宜进行较大强度的锻炼。

(5)每次锻炼完之后,要注意做好整理、放松活动,有利于促进身体的恢复,以便投入接下来的活动中。

(6)在锻炼过程中不宜大量饮水,以免加重心脏的负担或引起身体及肠胃的不适。运动后不宜立即洗冷水澡。

(7)对于不熟悉的运动项目一定要预先了解,不要随便尝试;特别对于老年人,不要做高难度的高空危险项目;对于不熟悉的水域,不要随便入水或潜水,以免发生意外。

(8)运动时不要打闹或开玩笑。

# 第二节 运动健身的方法

体育锻炼方法是根据人体发展规律,运用各种身体练习和自然因素来发展身体的途径和方式。体育锻炼方法是贯彻体育锻炼原则,达到体育锻炼目的的桥梁。在运用过程中,应从实际出发,灵活应用,要注意相互补充,交替结合,同时要注意有主有从。

## 一、重复锻炼法

### (一)重复锻炼法的定义

重复法就是指在掌握了一定运动技术的基础上,相对固定动作的结构和负荷，按照最基本的要求，在一次、一周或一段时间里反复进行身体运动的方法。重复法主要是用来锻炼心血管和呼吸系统的机能；提高肌肉的力量和速度；学习和掌握新的技术动作。

### (二)重复锻炼法的特点

#### 1.运动条件固定不变

运动动作结构、负荷大小等运动条件固定不变，反复进行。每一次所重复的动作均与上一次的动作完全相同，保持固定不变，不断地重复进行。例如，跑步练习时以一定的速度跑 400 米后休息一段时间，再重复跑 400 米，后面所重复跑的 400 米应与前次所跑的 400 米速度完全一致，而不是时而跑时而走。再如，负重力量练习时，第 2 组重复练习应与第 1 组的负重大小、次数、速度等完全一致。

#### 2.间歇充分

在两次重复练习之间的间歇时间，并无统一的规定，原则上是能使运动者得到较充分的恢复后或超量恢复期间再进行下一次运动。这也是重复锻炼法与间歇锻炼法的主要区别。

#### 3.重复次数的多少不同，对身体的作用不同

重复次数越多，身体对运动反应的负荷量越大。如果重复次数不断地增加，可能使身体承受的负荷达到极点，乃至破坏有机体的正常状态，造成伤害。

#### 4.练习具有高强度高质量

重复训练法具有高强度、高质量的特点，要求每个练习要高质量、高强度，严格控制练习的运动强度，使每个练习的运动强度要达到高强度，只是对练习的时间和数量间歇不做具体要求。

### (三)重复锻炼法的关键

运用重复锻炼方法，关键是掌握好负荷的有效价值范围(最有锻炼价值负荷量下的心率)，并据此调节重复次数。在重复锻炼中，对

负荷如何控制,怎样去重复才能达到理想效果的负荷程度,应视实际情况而定。

**(四)重复训练法的运用范围**

1. 长时重复训练

对于每次练习的负荷时间较长,运用的范围通常在3~5分钟,负荷强度略低,练习组数不多,间歇时间充分的练习项目。在生理上主要适用于无氧、有氧混合供能系统条件下的运动技术、战术、体能的训练工作。

2. 中时重复训练

对于每次练习的负荷时间稍长,运用的范围通常在40~120秒,负荷强度较高,间歇时间充分,各组练习之间的间歇时间将随着练习组数的增多而延长的练习项目。在生理上重点发展运动员乳酸能系统的供能能力,普遍适用于糖酵解供能下的运动技术、战术和体能的训练以及肌肉收缩的速度耐力和力量耐力。

3. 短时重复训练

对于每次练习的负荷时间短,通常在低于30秒之内;负荷强度最大,运用的范围通常以运动员本人所能承受的最大强度(比赛强度)为限;间歇时间充分,各组练习之间的间歇时间基本相同的练习项目。在生理上重点发展运动员磷酸原系统供能能力、肌肉收缩的速度及爆发力和快速运动的能力。

## 二、间歇锻炼法

**(一)间歇锻炼法的定义**

间歇法锻炼是指在两次运动之间,有一个严格规定的休息时间,使运动者身体恢复到一定的程度时,接着进行再一次运动的方法。这种方法主要用来提高呼吸和心血管系统的机能(尚未完全恢复)。

人们往往认为体质增强的过程是在运动中实现的,其实,体质内部增强过程主要是在间歇中实现的,是在休息过程中取得了超量恢复。若是离开休息,就很难取得超量恢复,则运动就变成了对增强体质毫无意义的事情,起不了作用。间歇对增强体质的作用并不亚于运动本身。自古以来就有以静炼身的经验,在现代科学的基础上,人类更清楚地认识到在间歇时间内有机体的各种变化,认识了保持同化优势的重要性,所以把间歇作为一种健身的基本方法。

用间歇法可以使人更经济地完成最大运动负荷。一般来讲,采用间歇法,人体在间歇时心率保持在120～160次/分,为最理想的负荷幅度。因为身体在承受这种负荷时,心室充盈,摄氧量和心输出量最大,所以机体的机能水平也最高,运动效果最佳。

### (二)间歇锻炼法的特点

两次身体运动之间有严格的时间间歇。这也是间歇锻炼法与重复锻炼法的主要区别,实质上,最初重复锻炼法也是间歇锻炼法的一种,只是后来间歇锻炼法在间歇时间上有严格固定的时间,有别于重复锻炼法,重复锻炼法往往作为单独的运动锻炼方法被广泛采用。

在一次练习所造成的机能和代谢发生较大的变化是间歇训练法的机体特点,在略有恢复的基础上进行下一次练习,使该练习的数量最终能对机体造成深刻而足够的刺激。主要是对练习间歇和数量做严格的要求,相反,对练习强度的要求则一般。

### (三)间歇时间

间歇时间的长短,根据个人身体状况和运动水平来决定。运动水平较差,生理负荷相对较大,间歇时间就较长些;身体较好,运动水平较高,生理负荷相对较小,间歇时间短些。一般情况下,每次运动的间歇时间在45～90秒为宜(指在一次的一种动作练习中)。要注意在间歇期间不能被动地静止休息,应该进行积极性休息和放松,如进行慢跑、放松肌肉、多做深呼吸等轻微活动,这样可以帮助静脉血回流心脏,增加氧气的供给等,使机体进入正常。

同重复锻炼法一样,间歇的时间也要依据负荷的有效价值标准去调节。一般来说,当负荷反应(心率)指标低于有效价值标准时,应缩短间歇时间;而高于价值标准时,则可延长间歇时间。通过适当的间歇,把负荷量调节到负荷有效价值范围,以追求良好的锻炼效果。实践中,一般心率在130次/分左右时,就应再次开始锻炼。间歇时,不要做静止休息,而应边活动边休息,如慢速走步、放松手脚、伸伸腰腿或做深而慢的呼吸等。因为,轻微活动可使肌肉对血管起到按摩作用,帮助血液回流和排除代谢所产生的废物。

### (四)间歇锻炼法的运用范围

#### 1. 高强性间歇训练运用时机

对于一次练习的负荷时间较短,运用的范围一般在40秒之内,速度力量的负荷强度较大,心率负荷指标多在185次/分左右、间歇时间极不充分的练习项目。在生理上主要适用于乳酸能系统磷酸盐与乳酸能混合代谢系统的供能系统下的攻防技术、体能主导类速度性和耐力性运动项群的素质、技术的训练。

#### 2. 强化性间歇训练运用时机

对于每次练习的负荷时间较长,一次练习的负荷时间略长于主项比赛时间,运用的范围通常在38~88秒或85~185秒,心率负荷多在160次/分或180次/分左右,间歇时间不充分的练习项目。在生理上主要适用于乳酸能代谢系统与有氧代谢系统混合供能系统条件下的运动技术、战术、体能的训练工作。

#### 3. 发展性间歇训练运用时机

对于一次练习的负荷时间较长,运用的范围通常在4~6分以上,心率负荷多在165次/分左右,间歇时间不充分的练习项目。在生理上主要适用于有氧代谢为主的混合代谢供能系统条件下的较高耐力素质的运动项群的训练工作。

### (五)间歇锻炼法的种类

据间歇休息的充分与否分为两个亚类,第一个亚类是间歇锻炼法,其间歇休息不充分;第二个亚类即前面介绍的重复锻炼法,其间歇休息充分。根据练习的强度进一步细分为次最大强度(强度从无氧阈强度到全力强度)间歇锻炼法和全力强度间歇锻炼法。

## 三、高强度间歇训练法

### (一)高强度间歇训练法的定义

高强度间歇训练法(high intensity interval training,HIIT),可以广义地定义为强度在无氧阈以上的短到中等时间(10秒~5分钟)的重复回合训练,训练回合之间有低强度活动或休息的间歇,这个间歇通常身体没有完全恢复。黎涌明将HIIT定义为反复多次以最大乳酸稳态的负荷或以大于等于无氧阈的负荷强度,持续几秒到几分钟的训练,且每2次练习之间安排不完全恢复的训练方法。

目前HIIT在健身界越来越风行,美国运动医学协会公布的全球健身趋势中,HIIT首次入选前20位,并成为仅次于自重训练的健身锻炼方法。

### (二)高强度间歇训练法的特点

HIIT的特点在于运动强度较大(达到最大或接近最大的运动能力),但运动时间相对较短,并可通过间歇避免不适症状的出现,所以更容易被接受及完成。这种方式比传统中等强度运动方式在提高心肺耐力方面效果更明显,所用时间更短。从长期观察到的结果来看,间歇时,当运动员心率恢复到115~135次/分时,即可进行下一次练习。

HIIT训练的套路就是高强度—低强度—高强度—低强度的不断切换。高强度训练阶段用来增加对身体的运动刺激,间歇训练作为高强度训练阶段间的过渡阶段,用来对身体进行恢复,降低对心肺功能的压力、缓解身体疲劳。

### (三)影响因素

HIIT 目的在于重复地刺激生理系统,它包括运动方式、负荷强度、负荷次数、持续时间、间歇休息强度、间歇休息持续时间、组数、组间强度、组间持续时间和多组持续时间十个因素,都是影响 HIIT 效果的因素。

高强度间歇训练负荷的一般安排:

一次高强度间歇运动总的运动时间一般在 20~60 分钟。比如一组运动包含疾跑(30~40 秒),加慢跑(15~20 秒)或快走,练习 4 组就是一种高强度间歇练习。

#### 1.训练强度

通常采用超过无氧阈强度或是接近大于最大摄氧量强度,心率可达 170~180 次/分。运动方式可以采用速度训练或肌肉力量练习。

#### 2.训练持续时间

持续时间为 10~30 秒。

#### 3.间歇强度

以低强度如 40%~50% 最高心率进行恢复训练,一般来讲,当运动员心率恢复到 115~135 次/分再进行下一次练习。运动形式可以采用耐力训练,如慢走等。

#### 4.间歇持续时间

间歇时间要取决于运动员训练后的恢复,每次间歇时间为 1~3 分钟。

### (四)高强度间歇训练法的效果

对于普通人群进行的 HIIT 比低强度持续性训练更能提高耐力表现,这个提高可以解释为有氧和无氧代谢对能量需求贡献的增加,并且改善了工作肌肉的能量状态,提高有氧代谢能力,就如Ⅰ型肌纤维、毛细血管和氧化酶活性的改善所证明的那样,是普通人群对 HIIT 最常见的反应。

从干预效果来看,HIIT 对于骨骼肌的代谢能力、心血管的调节作用等均有积极作用,而且其效果不低于中低强度持续运动,甚至在提高最大氧耗量方面,HIIT 比中低强度有氧持续运动更具时效性。

**(五)高强度间歇训练法在不同人群中的应用**

高强度间歇训练法最开始是教练员用于加强高水平运动员的有氧耐力的训练,目前大量用于普通健身人群,用于提高他们的肌肉及心肺机能。近几年肥胖人群采用高强度间歇训练法进行运动减肥锻炼也获得了非常显著的效果。

HIIT 基本适用于所有人群。同时,很多运动形式都适合用 HIIT 方式练习,如自行车、快跑等。HIIT 可以获得持续耐力练习相似的练习效果,但运动时间更短,更有效率。

### 1. 在普通健康人群中的应用

大部分研究报道 HIIT 能使胰岛素敏感性不同程度提高,即使在全力蹬骑的无氧锻炼中亦得到体现。其他的健身效果还包括:身体脂肪尤其是腹部脂肪量减少、动脉血压下降、空腹血糖和胰岛素降低以及脂肪氧化率提高等。这些因素的改善对于降低罹患心血管疾病、糖尿病的风险至关重要。

由此可见,HIIT 对于提高普通人群健康水平、降低危险因素均有很好的效果,在某些方面甚至优于同等能量消耗的持续训练方案。目前尚缺少青少年人群和老年健康人群的研究资料。

### 2. 在超重或肥胖人群中的应用

传统观点认为,运动减肥宜采取中低强度、长时间的持续有氧运动锻炼。HIIT 的减肥效果近年来取得了很好的成效。从目前的研究成果来看,无论是儿童、青年、中年还是老年肥胖人群,HIIT 的干预是安全的,减肥效果已得到证实,认为高强度间歇训练对肥胖患者的减肥效果与持续训练相当或更好,但在改善肥胖人群的血管内皮功能、降低心血管疾病危险因素方面效果更好。

采用HIIT,运动减肥所花的时间比持续训练更少,运动更有乐趣,更容易被接受,也更能坚持下去,而运动减肥不成功的关键往往在于不能持之以恒。

### 3. 在心脏病患者中的应用

运动是心脏疾病患者重要的康复措施,但传统上,对大强度的运动往往非常谨慎,大多建议采用较小的运动强度和较短的运动时间。例如,第8版美国运动医学会(ACSM)运动测试与运动处方指南中,对门诊康复的心脏病患者推荐的运动强度为最大运动能力的40%~80%(RPE在11~16)。

但近期有很多研究报道了对冠心病、心衰、心肌梗死稳定期以及冠状动脉支架术后患者进行HIIT的干预效果,结果有氧能力均有不同程度的提高,心功能、生活质量、康复期焦虑和抑郁均有明显改善。不仅如此,与耗氧量相同的持续运动训练相比,HIIT在提高有氧能力方面效果更好。

### 4. 在糖尿病和代谢综合征患者中的应用

ACSM为糖尿病患者推荐的运动强度是$50\% \sim 80\%\ V_{O_2max}$的中等强度,每天运动时间为20~60分钟持续锻炼,可以累积,但每次不能低于10分钟,每周3~7天。但实际上,60分钟的中等强度对于大多数糖尿病患者来说都不是能够轻易完成的。

近年来,有学者尝试研究时间较短的HIIT对糖尿病患者的影响。例如,Little等指导2型糖尿病患者进行功率车间歇训练,以$90\% HR_{peak}$快速蹬骑60秒,然后慢速蹬骑或安静休息60秒,重复10次,包括热身和整理活动,一次干预仅需要25分钟,每周训练3天,干预2周后24小时平均血糖和餐后3小时血糖就出现显著性降低,同时骨骼肌葡萄糖的转运能力和线粒体氧化能力均得到提高。其他的一些研究也显示，HIIT 训练后空腹血糖或胰岛素敏感性均有改善。

## 四、连续锻炼法

### (一)连续锻炼法的定义

连续锻炼法是指在锻炼的过程中，为了保持有价值的负荷量而不间断地进行运动的方法。此方法要求负荷强度较低、负荷时间较长、无间断地进行运动。从增强体质出发，需要间歇就停一会儿，需要连续就接二连三地进行下去，所以不能仅讲究间歇，还要讲究连续。连续、间歇、重复都是在整个锻炼过程中实现的。连续、间歇、重复等各因素各有其独特的作用，连续的作用在于持续保持负荷量不下降，维持在一定的水平上，使身体充分地受到运动的作用。

### (二)连续锻炼法的要求

连续锻炼时间的长短，同样要根据负荷价值有效范围而确定，通常认为在 140 次/分左右心率下连续锻炼 20～30 分钟，可使机体的各个部位都长时间地获得充分的血液和氧的供应，因而能有效地发展有氧代谢能力。实践中，用于连续锻炼的主要是那些比较容易，并已为锻炼者所熟悉的动作，如跑步、游泳、跳迪斯科舞等。

## 五、循环锻炼法

### (一)循环锻炼法的定义

循环锻炼法是指用几个不同的练习内容联合组成的练习组合。该方法要求练习者必须按照既定的练习顺序和路线，依次完成每个练习站的练习任务。它由几个不同的练习点组成，当一个点上的练习一经完成，练习者就迅速转移到下一个点，下一个练习者依次跟上。练习者完成了各个点上的练习，就算完成了一次循环。

循环锻炼法是按程序设立若干个"运动站"，一般为 4～5 个站，每个站的运动动作与方法不同，运动者按顺序进行循环练习。由于每个"运动站"的负荷和练习动作不同,因此对人体可以产生较全面的影响,又能提高身体运动的兴趣。循环练习对于青少年提高身体素质和运动能力有较显著的效果。

其结构因素有:每点的练习内容、每点的运动负荷、练习点的安排顺序、练习点之间的间歇、每遍循环之间的间歇、练习的点数与循环练习的组数。

### (二)循环训练法的特点

循环训练法是一种混合训练法,可以被看作一种特殊的运动,或者说提供了更为全面的训练,较多地用于力量练习。它能全面地影响身体各器官系统,提高身体素质,增长肌肉力量和耐力,还可消除枯燥感。肌肉的局部负担不重,不易疲劳,能调动训练者的积极性,激发训练的兴趣。

循环练习法对技术的要求不高,且各项目都采用比较小的负荷练习,因此练起来既简单有趣,又可获得综合锻炼,达到全面发展的良好效果。

### (三)循环训练法的关键

运用循环锻炼法时,关键是要按照全面性原则去搭配项目。锻炼时既要发展四肢,也要发展躯干;既要运动胸背,也要运动腰腹部;既要追求形态的健美,也要注意机能、素质的全面发展。为此,就必须科学地搭配项目。根据已有的经验,一般选择6～12个已被锻炼者掌握的简单易行的项目。搭配时要注意上肢动作与下肢动作、剧烈的跑跳练习与静态憋气动作之间的合理交替。在健身锻炼中可根据锻炼项目安排循环练习各练习点,还可分队比赛,增加竞争性,以提高练习兴趣。

### (四)循环训练法的注意事项

#### 1.动作由易到难

强度的把握要依照动作由易到难的原则,使身体慢慢预热,让机体逐渐接受难的动作,以避免造成关节、肌肉的损伤。

### 2. 因人而异

应根据各人的体质和训练水平逐渐增加运动量。开始时先练一个循环,过2~3周再增加一个循环,逐渐增加到3~4个循环,但最多不得超过5个循环。

## 六、变换锻炼法

变换锻炼法是指在身体运动过程中,采取变换运动负荷、环境、条件、内容、要求和动作的组合等因素,以提高锻炼者的积极性、适应性及应变能力的一种身体锻炼方法。此法可有效地调节生理负荷,提高兴奋性,激发运动者的热情,培养运动兴趣,全面发展身体,特别是能提高神经系统的灵活性和机体的适应性,克服疲劳和厌倦情绪,以达到提高锻炼效果的目的。

如刚参加锻炼时,可多做些诱导性练习和辅助性练习。随着锻炼水平的提高,应加大练习的难度,如用越野跑代替在田径场的长跑等。由于锻炼条件的变化,可使锻炼者的大脑皮层不断地产生新异的刺激,提高兴奋性,激发锻炼的兴趣,从而提高机体对负荷的承受能力,提高锻炼效果。另外,不断地对锻炼的内容、时间、动作速率等提出新的要求,可有效地调节生理负荷,使机体不断产生适应性变化,达到更好地锻炼身体的目的。

变换法在运用时,要根据运动者身体适应能力和运动水平的变化来考虑,并且要循序渐进,避免操之过急,要求过高,过分突然变换的条件要有可接受性,并且对促进身体健康有利。如田径场上的长跑,可变成越野跑;游泳池的游泳,可以适当改变在河、海和江中去游泳;跑步可以变换为踢足球;匀速跑可以变换为变速跑等。

## 七、负重锻炼法

负重锻炼法是使用杠铃、哑铃、沙袋等重物进行身体运动来锻炼身体、增强体质的方法。负重的方法既适用于普通人锻炼身体,又适用于各项运动员进行身体训练,还适用于身体疾病患者的康复。

一般来说,为增强体质而进行负重锻炼,应该采用最大摄氧量和最大心率输出量以下的负荷。因为过大的负荷可能给心血管和呼吸系统带来不良的影响,为了保证这种锻炼方法对身体的良好作用,在运动负荷价值阈范围内(心率在 120~140 次/分)可以多次重复或连续。

## 八、游戏锻炼法

游戏锻炼法是指根据运动者的年龄、性别、兴趣和身体条件等特点而编制的既有健身意义,又有乐趣的身体运动方法。这种方法主要是用来调节运动者的情绪,培养身体运动的兴趣和积极性,发展身体的基本活动能力等,尤其适用于青少年儿童的身体运动。

它是指采用游戏的形式进行身体锻炼,目的在于提高兴奋性,激发学生对运动的兴趣。在嬉笑娱乐的游戏中锻炼身体、愉悦身心,有助于减轻学生的学习压力,释放激情。这种锻炼方法的运动量可以根据锻炼者的实际情况而有所不同。

## 九、竞赛锻炼法

根据人类先天的竞争和表现意识、竞技能力形成过程的基本规律和适应原理、现代运动比赛规则等因素而提出的一种锻炼法。运动者根据自己的爱好特长,在近似、模拟或真实、严格的比赛条件下,按比赛的规则和方式进行的锻炼。

竞赛锻炼法根据一定项目的特点,可以使机体承受较大负荷的运动,全面发展各器官系统的机能。如参加篮球比赛可以发展人的速度、力量、耐力和灵巧等身体素质,同时可以调节心理平衡,培养竞争意识。并且不同年龄、性别和身体条件,都有相应的竞赛项目可以参加,运动负荷可大可小,容易收到健身的效果。

锻炼者可在竞赛的条件下进行锻炼,提高了锻炼的积极性。练习者在比赛中能相互交流经验,有助于全面地提高技战术水平。通过竞赛锻炼法,可以提高锻炼者的心理承受能力,培养意志品质,形成积极的、拼搏的、良好的生活态度。

## 十、运动处方法

运动处方法是指运动者针对自己的健康状况或所患的某种疾病,来确定身体运动的内容、方法、原则、时间和严格控制运动负荷,并且规定注意事项,以防治疾病为主的一种身体运动方法。这种方法就像医生给患者开处方一样,医生必须对症下药,患者必须恨病吃药,即要付出很大努力进行治疗性运动和健身性运动。

运动处方法的基本要素有:第一,运动的内容。必须有针对性,确实可以治病和健身。第二,运动的次数。这里指每周的次数,最理想的是每天坚持运动,一般可以隔一天运动一次,但必须考虑运动者的具体情况。第三,运动时间。这里指每天运动多长时间要根据项目和身体状况来决定。第四,运动强度。要根据人的健康水平和运动能力来确定。第五,运动者身体健康状况的指标。在身体运动或制定运动处方之前必须由医生进行健康检查。第六,注意事项。根据部分健康指标拟定身体运动的注意事项。

运动处方具有科学性、严谨性,是健身锻炼者应遵循的最基本运动锻炼程序,应予以重视,下一章我们会对此予以详细介绍。

# 第四章 常见的运动健康方式

## 第一节 有氧运动与健康

### 一、有氧运动的概念和分类

许多人都知道有氧运动对身体有好处，但不少人对有氧运动和无氧运动的确切概念还不是十分理解，有人甚至简单地认为有氧运动就是在氧气充足的环境里运动，或者认为有氧运动是与"竞技运动"相对应的，混淆了有氧运动和群众体育。

#### （一）有氧运动的概念

最早提出"有氧运动"一词的是美国宇航中心医生库柏博士。他组织了3万多人，更广泛、更科学地做了详尽的有氧运动测试。库柏测试的有氧运动项目，在初期指定了4个项目，即快步走、慢跑、游泳、骑自行车。之后，又增加到28个项目，如冬季滑雪、滑冰、各种球类、功率自行、平板助道、各种舞蹈、跑台阶等。每个项目都有一整套运动处方，其突出的地方是，都与最大摄氧量的百分比有联系，并根据强度水平给相应的"点"数。以60岁以上年龄组的步行为例：3200米走36分钟时为"3点"，每周快走6次，可得18点，这种运动量与强度保持不了生活中的健康。其最高要求男子每周要取得30点，女子要取得 24 点,才能达到保持生活中的健康水平。按其最高要求,快步走 5600 米,时间为 55 分钟以内时可取得 6 点,每周 5 次即得 30 点,这样就能把健康水平长期保持下去。

库柏的有氧运动是刺激心、肺、血管各器官,以增强其功能,要求尽可能摄取更多的氧,以提高人体健康水平,健身效果较好。20 世纪 60 年代中期,库柏博士从生理角度,把慢跑的耐力称作有氧运动,并出版了《有氧代谢运动》《有氧运动与全面身心健康》等书,提出了"有氧运动""跑步是有氧运动之父"等说法和著名的"12 分钟跑体能测验""有氧运动得分制"等。他使成千上万的美国人加入了跑步锻炼的行列,人们称他为"有氧运动"之父。当前有氧运动风行于各国,形成了有氧运动的高潮,经久不衰。

从运动生理学角度来看,有氧运动是指人体在氧气充分供应的情况下进行的体育锻炼。即在运动过程中,人体吸入的氧气与需求相等,达到生理上的平衡状态。简单来说,有氧运动是指任何富有韵律性的运动,其运动时间较长(约 15 分钟或以上),运动强度为中等或低强度。严格来说,有氧运动是机体与外界环境进行气体交换的过程中,氧气的供给与需求处于动态平衡的一种状态,以糖、脂、蛋白质有氧氧化供能(蛋白质供能比例<18%)占主导地位,以中等或小强度运动为主的一种状态,它是一个与无氧运动相对应的概念。绝大部分的身体活动是分别从有氧代谢和无氧代谢中获取能量的,只是获取能量与代谢方式的比例不同,所以界定有氧还是无氧运动应该根据占主导的能量代谢方式来判定。

## (二)有氧运动的分类

依据运动时占主导地位的能量代谢方式来判定,绝大部分运动项目只要运动时负荷强度较小,运动时主要依靠有氧氧化供能,就可以认为是有氧运动。因此,根据运动项目的特点将有氧运动分为以下几类。

### 1. 走、跑类

如在径赛类基础上发展的健身走、健身跑、定向运动等,健身走和健身跑是最简便易行、最易被大众接受、普及率最广的有氧运动。

### 2. 游泳

游泳是减肥和提高心肺功能最为有效的有氧运动。

### 3. 球类

经典六球,包括三大球:篮球、足球和排球;三小球:乒乓球、羽毛球和网球。其他球类有:曲棍球、冰壶球、沙壶球、垒球、地掷球、门球、手球等。

### 4. 民族传统类

如太极拳、跆拳道、柔道、摔跤、拔河、蹴鞠、马球、五禽戏、八段锦、气功等。太极拳、五禽戏和八段锦是深受广大老年人喜爱的有氧运动,特别是太极拳,其运动特点符合老年人的身体特点,对老年人的健康有着非常好的作用。

### 5. 舞蹈、健身操类

如体育舞蹈、有氧健身操等,深受广大女性的青睐。

## 二、有氧运动的作用

### (一)有氧运动对身心健康的作用

#### 1. 有氧运动对机体新陈代谢的影响

人体在从事有氧运动时,主要供能物质是糖和脂肪。因此,长期坚持有氧锻炼,能有效提高组织细胞有氧氧化酶的活性,改善机体的有氧代谢能力。坚持有氧运动,能促进机体组织细胞对糖的摄取和利用,改善机体对糖代谢的调节能力;同时,对于人体中含量较多的能量物质——脂肪来说,长期坚持有氧锻炼能提高机体对脂肪的动用能力,为人体从事各项活动提供更多的能量来源,从而降低脂肪在人体中的含量。

### 2. 有氧运动对骨、关节、肌肉的影响

长期坚持有氧运动，由于运动时机体新陈代谢加强，全身血液循环加快，骨的血液供给得到改善，骨的生长发育、形态结构和机能都会发生良好的变化。经常运动可使肌肉保持正常的张力，并通过肌肉活动刺激骨组织，促进钙质在骨骼中的沉积，增加骨密度，预防骨质疏松。但由于身体锻炼的项目和性质不同，对人体各部分骨的形态、结构和机能的影响也是不同的，其中力量锻炼对骨的影响效果最为明显。因此，在进行有氧运动的同时配合一定的力量训练，将更有利于骨骼的生长和发育。

长期坚持有氧健身操、体育舞蹈、太极拳等有氧运动，或者在进行有氧锻炼的同时辅助一些伸展性练习，可使关节的稳固性、灵活性、柔韧性得到提高，关节的活动范围加大。与此同时，坚持有氧锻炼可以显著提高肌肉耐力，使肌肉中毛细血管密度增加，从而改善肌肉的供血机能。因此，坚持有氧运动可使关节更加灵活，韧带弹性增加，增强运动系统的准确性和协调性，保持手脚灵活，使人可以轻松自如、有条不紊地完成各种复杂的动作。

### 3. 有氧运动对心血管系统的影响

适当的有氧运动是心脏健康的必由之路，有规律的有氧锻炼可以使人体在安静状态下的心率减慢，增加心肌收缩力量，使心室腔的容积增大，提高心脏功能，使心脏工作效率提高。长期运动使得大量毛细血管开放，冠状动脉血流畅通，心脏血管壁的弹性得到增加，可以更好地为心肌供给所需要的营养，降低心脏病的发生率。

坚持有氧运动可以改善外周血管壁的弹性和外周血管的分布情况，使血液和组织器官进行物质交换的能力增强，静脉回流的机能提高。从而改善全身血管结构，机能提高，血流的阻力减小，可以有效预防各种心血管疾病。同时，体育锻炼还可以显著降低血脂含量以

及改变血脂质量，有效防治冠心病、高血压和动脉粥样硬化等疾病。

### 4. 有氧运动对呼吸系统的影响

长期坚持有氧锻炼，可以增强呼吸肌力量，使肺活量明显增大。大量实验表明，经常参加锻炼的人，肺活量显著高于不参加体育锻炼和锻炼很少的人。与此同时，呼吸肌力量加大，导致呼吸深度加深，从而有效提高肺泡通气量，肺通气储备加大；再者，长期坚持有氧运动，肺泡的弹性增强，呼吸膜的通透性加强，这些都有效地提高了气体交换的效率，为机体摄取足够的氧气提供了有效的保障。

### 5. 有氧运动对消化功能的影响

有氧运动强度较低，运动时间较长，运动中机体能量物质消耗速度加快，而能量物质的来源是通过摄取食物获得的。因此，长期坚持参加有氧运动可促进消化系统的功能变化，使胃肠等消化管的血液循环得到改善，膈肌和腹肌得到大幅度锻炼，消化管的蠕动加强，并对胃肠道起到按摩作用，从而使消化机能得到加强，营养物质的吸收更加顺利。但是在参加体育锻炼时，要合理安排进食和运动的间隔时间，一般来说，运动与进食的间隔时间应在半小时以上。

### 6. 有氧运动对中枢神经系统的影响

体育锻炼能改善神经系统的调节功能，提高神经系统对人体在错综复杂的活动时各种变化的判断能力，并及时做出协调、准确和迅速的反应。大量研究表明，经常运动能明显提高脑神经细胞的工作能力；反之，如果缺乏必要的体育活动，大脑皮质的调节能力会相应下降，造成平衡失调，甚至引起某些疾病。

### 7. 有氧运动对心理健康的影响

体育锻炼对心理的发展有巨大的推动作用。如增强信心，预防和调节不良情绪，建立人与人之间良好的相处环境，培养良好的意志品质，培养良好个性特征，培养个体的挫折承受能力，培养正确的行为规范，调节心理障碍，平衡社会心理状态，提高果断处事的能力以及提高智力发展,等等。相反,不积极从事体育活动的人,不良情绪得不到彻底宣泄,对心理健康有负面影响。

### 8.有氧运动对社会适应能力的影响

适应社会不仅要有健康的体魄和健康的心理,现代高速发展的社会对人们的思想状态、道德风尚和意志品质等各方面也都提出了较高的要求。体育锻炼以其特有的优势,使人的个性得以形成和完善,成为人们提高社会适应能力最为重要而且有效的手段。积极参加体育运动有助于学习和理解社会行为规范;有助于形成正确的价值观,体验不同的社会角色,培养团结协作的精神;有助于调节情感与情绪,改善人际关系和塑造健全的人格。

### (二)有氧运动与现代生活方式疾病

随着社会进程不断向前推进,人们生活水平在提高的同时,健康生活离大家越来越远。各种便捷的设施在方便人们生活的同时,使得身体活动量逐渐减少,再加上各种社会压力的不断形成与增加,人类机体不断受到这样或那样的困扰。当我们尽情享受现代文明的成果时,肥胖、心血管疾病及心理压力等"现代生活方式病"却悄然而至,严重影响着人类的健康。都市里许多人已进入亚健康群体,他们食欲不振、疲乏无力、情绪不稳、头晕、失眠、关节疼痛等。如果亚健康状态得不到缓解,就极有可能进一步发展而成为患病人群。这些状况的产生,在很大程度上与缺乏运动有关。长期久坐不动、经常伏案工作的人,会由于缺乏体育运动而造成颈、肩、背、腰等处局部肌肉、韧带组织的过度劳损,逐渐产生颈椎病、肩周炎以及腰椎间盘突出等疾病。

在心血管系统方面,心脏病专家们一致认为,现代生活中长时间坐着工作,缺少体力活动是心脏发病的重要原因。大量研究资料表明,缺乏体育锻炼的人,其高血压、动脉硬化和心脏病等心血管系统疾病发生率大大高于经常参加体育锻炼的人。现代医学研究证实,适量运动对预防冠心病,保持心脏健康有着积极的作用,低强度、长时间的有氧运动可提升高密度脂蛋白和降低三酰甘油(甘油三酯)水平。长期坚持锻炼可以降低临界高血压患者的安静血压,改善心脏功能和心肌供血,防治高脂血症和动脉粥样硬化,同时提高糖耐量和胰岛素敏感性,减少室性心律失常的危险。适宜的体育锻炼还有助于增强骨密度,防治骨质疏松症。

在代谢方面,肥胖的产生不单是由于摄入营养过于丰富的食物所造成的,在很大程度上还是由于生活的舒适、劳动强度的减少以及体育运动的不足,使人体从食物中摄取的热量远大于身体活动所消耗的热量,这种热量供需不平衡的结果就是体重(脂肪)增加。

运动专家指出,适当运动对预防和治疗多种疾病,特别是消化系统、呼吸系统和心脑血管等疾病,有着药物和手术无法替代的作用。它能明显降低不少常见病的患病率和致残率,减少或避免后遗症的发生。所以对于现代人来说,开展各式各样的体育锻炼,能弥补活动量缺乏所造成的种种不良状况,使人体各器官系统的功能发生积极变化,有利于更好地向健康方向发展。

有关运动促进健康,辅助防治慢性病的实践,在我国可谓源远流长。在现代运动医学中,体育疗法是现代康复医学的一个重要组成部分,它涉及运动辅助防治疾病的内容。运动作为现代医学中预防和治疗的手段之一,正日益被众多医生所接受并推荐。目前许多发达国家与地区,在肥胖症、糖尿病、心血管疾病、呼吸系统疾病、骨质疏松症、骨关节运动系统损伤与神经系统等疾病的治疗中,体育锻炼已成为医生处方的重要组成部分,其中有氧运动有着更加重要的作用。

# 第二节　无氧运动与健康

无氧运动指的是肌肉在"缺氧"的状态下所进行的高速剧烈的运动。无氧运动的负荷强度高、瞬间性强,难以持续较长的时间,而且运动后需要较长时间才能完全消除疲劳。无氧运动最大的特点是运动时氧气的摄取量非常低。因为速度快、爆发力猛,体内的糖分来不及经过氧气分解,所以不得不依靠"无氧供能"。在无氧运动锻炼中,体内会产生过多乳酸,容易出现呼吸急促、肌肉疲劳等现象,而且运动后肌肉酸痛感明显。通过无氧运动锻炼,能够促进肌肉力量的增强和肌肉维度的增加,提高身体抵抗力,使身体更强壮。常见的无氧运动项目有短跑、跳高、跳远、投掷、潜水、举重、拔河、肌力训练等。本节主要选取跳跃类、潜水等健身项目进行分析。

# 一、跳跃类健身方法指导

## (一)跳高健身技术

下面主要以常见的背越式跳高为例进行分析。

### 1.助跑

背越式跳高中,助跑前段一般为直线,后段为弧线(跑四步),弧线末段与横杆之间形成 20°~35°的夹角。

### 2.助跑与起跳结合

背越式跳高中,应将助跑与起跳紧密衔接起来,主要包括以下两个关键技术要点。

(1)依靠摆动腿的牢固支撑,使身体在倾斜状态下起跳,要避免身体与横杆的过早碰触。

(2)积极蹬伸摆动腿,快速并大幅度向前移动身体重心,避免臀部下坐和摆动腿支撑无力的现象出现。

### 3.起跳

起跳脚顺弧线的切线方向踏上起跳点,以脚跟领先着地并顺势转换到全脚掌。同时两臂与摆动腿积极上提,重心迅速跟上,上体积极前移,使起跳腿缓冲。此时,身体与地面保持垂直。当身体重心移至起跳点上方时,起跳腿迅速而有力地蹬伸,完成起跳动作,在做起跳动作时应注意起跳腿充分蹬伸,提肩同时提髋。

**4.过杆与落坑**

由于起跳时摆动腿屈膝向异侧肩前上方的积极摆动,使身体处于背向横杆的腾越姿势。当肩向上腾越,超过横杆时,两肩迅速后倒,充分展髋、小腿放松、膝部自然弯曲,整个身体呈反弓形。待髋部超越横杆后,收腹含胸,以髋发力带动大腿向上,并且小腿甩动使整个身体超离横杆,自然下落以肩背领先落垫。

## (二)跳远健身技术

跳远由助跑、起跳、腾空和落地几个技术环节组成,这些环节构成了不可分割的统一体。

**1.助跑**

(1)助跑的起动姿势。助跑的起动姿势对助跑的准确性和稳定性有直接影响。常见的有以下两种助跑姿势。

第一种是在静止状态下助跑,要求两腿稍微弯曲、两脚保持平行,做"半蹲式"动作,也可以两腿前后分开站立,做"站立式"动作。

第二种是走跳相结合,找到第一个标志。

第一种方法,对提高助跑的准确性有很好的帮助。第二种方法,虽然动作相对放松,但是准确找到标志的难度较高,要求能准确地踏板。

(2)助跑的加速方式。助跑的加速方式有以下两种。

①积极加速。在助跑的开始阶段就积极加速,并始终保持较高的步频,采用这种加速方式的主要目的是快速脱离静止状态,尽可能获得最高的助跑速度。

②逐渐加速。逐渐加速方式主要是从加大步长和保持步长逐步过渡到加快步频。采用这种加速方式的主要目的是在保证动作轻松、自然和平稳的基础上,提高跳的准确性。

(3)助跑节奏。将最高速度发挥出来,并对速度进行合理利用,从而高效进入起跳的方式与方法就是助跑节奏。跳远健身中,健身者的起跳力量是随着助跑速度的增加而增加的。苏联波波夫的试验测试表明,如果每秒助跑速度增加0.2米,起跳力量就要增加2%。如果起跳力量的增加与助跑速度的要求不能适应,就会对起跳效果造成消极影响,导致无法达到一定的腾起角度,跳远成绩就很难提高。助跑速度的利用率是指健身者在助跑过程中对自身最高速度的使用水平,可用助跑速度与平跑中的最高速度比值来表示。跳远水平越高,助跑速度的利用率也越高。

(4)最后几步的助跑技术。跳远运动的整个助跑过程中,最重要的就是最后几步的助跑。在这一阶段,不但要求健身者保持一定的速度,而且要求其准备好起跳。这一个技术环节与其他环节相比较为复杂,也有一定的难度,因此不同健身者的健身水平集中体现在这一环节上。

最后6~8步的助跑技术,主要有以下两种技术特征。

①最后几步中每步的长度要缩短,频率要加快,形成快节奏的助跑起跳技术。

②保持步长的相对稳定,每步之间的频率要加快,形成快速上板的助跑技术特征。

(5)助跑标志的设定。对助跑标志的正确设置,主要是为了使步长稳定,促进良好助跑节奏的形成,而不是将此作为助跑时对步长进行调整的标志。如果将助跑标志作为调整步长的依据,就会影响助跑速度的充分发挥,造成助跑节奏的紊乱,从而影响跳远效果。

对初学者而言,利用助跑中的标志来锻炼助跑速度、节奏和准确性是有好处的。而对水平较高的健身者,最好不用标志,因为设置标志会分散注意力,从而影响水平速度的发挥。健身者不应为了适应助跑标志而破坏自己快速助跑的节奏,这样就失去了设立标志的意义。

### 2.起跳技术

起跳是所有跳跃项目中最重要的一个部分。助跑与起跳的结合,起跳腿的蹬伸与摆动腿的摆动,两腿之间的蹬摆配合,又是跳远起跳技术的关键。整个动作过程,就是要把助跑时所获得的水平速度,转换成必要的腾空速度,将身体抛向空中,获得较长的运动距离。起跳是一个快速、完整的技术动作,大致分为以下三个技术阶段。

(1)起跳脚上板起跳。助跑最后一步,摆动腿同侧脚着地后,起跳脚准备上板,这时由于速度很快,下肢的运动速度略比躯干快些,因此要保持上体正直或稍有后仰。两臂摆动于体侧,起跳脚全脚掌着地,摆动腿屈腿前摆。

踏板刹那,起跳腿是前伸的,与地面形成65°~70°的夹角,起跳脚与身体重心投影点之间保持一定距离,为30~40厘米,身体重心在支撑点的后面。这种势态形成了一定的"制动",便于使身体向腾空状态转换,也便于使水平速度向垂直速度转换。需要注意的是,如果起跳脚前伸过大,身体重心距起跳脚支撑点过远,就会影响起跳效果。

(2)起跳腿的支撑缓冲。在踏到踏板后,身体会随着惯性的力量和重力作用,迫使起跳腿的髋、膝、踝关节被动弯曲。起跳脚用全脚掌支撑既可以保持身体的平衡和稳定,又可以抗御这种压力。此时,整个身体前倾,摆动腿也受向前运动的惯性影响,大小腿折叠后向起跳腿靠拢,这种姿势主要是为最后起跳、蹬摆做准备。

(3)起跳的蹬摆配合。起跳腿在踏上起跳板的瞬间,身体始终是随惯性向前运动的。当身体重心移到起跳脚支撑点上方时,起跳腿应及时蹬伸,充分伸展髋、膝、踝三关节,与此同时摆动腿以膝领先,屈腿向前上方摆动,摆到大腿呈水平部位,两臂配合两腿在体侧摆动,躯干伸展,头向前上方顶出,完成起跳的蹬、摆配合动作,这时起跳腿与地面呈70°~80°夹角。在完成蹬摆配合的起跳动作时,四肢的协调配合对身体获得适宜的腾起高度、维持身体平衡以及加快起跳速度起着重要的决定性作用。

起跳腿充分蹬伸后,还有一个全身的制动动作,是在摆动腿摆到大腿水平部位和两臂摆动时的突然停顿中完成的。这一制动,对身体向上腾起、维持全身平衡、防止身体翻转具有重要作用。

### 3.腾空技术

跳远技术发展至今,主要有三种腾空姿势,即蹲踞式、走步式和挺身式。这几种姿势各有特点。

(1)蹲踞式。蹲踞式腾空技术,要求保持腾空步的时间较长一些。腾空步后,起跳腿积极靠拢摆动腿,同时两腿上举,使膝接近胸部。此时,注意躯干不要过于靠前,在距落地点半米处时,双腿接近于伸直状态,两臂自然下滑,这有助于小腿积极前送和增加落地稳定性。

蹲踞式腾空技术也有缺点,如起跳后向前旋转的力矩较大,由于屈腿动作和上体前倾,使下肢靠近身体重心,导致旋转半径减小,增加了角速度和旋转力矩,再加上受到前旋转力的影响,会提前落地。因此,"蹲踞式"跳远时,要特别强调上体与头部保持正直,以维持身体平衡。

(2)走步式。腾空后,在空中完成走步式的技术动作,就是走步式跳远。这种技术是最难的一种,当起跳动作结束后,身体呈现"腾空步",前方的摆动腿要以髋为轴,大腿带动小腿积极向下、向后方摆动,同时处在身体后方的起跳腿则以髋关节为轴,大腿向上摆动,屈膝带动小腿前伸,以完成两腿在空中的互换动作。两臂要配合两腿协调摆动,以维持身体平衡。空中完成交换步后,摆动腿仍需要从体后屈膝前摆,靠近体前的起跳腿,并在空中走半步。在空中的这一过程需要两腿走两步半。

(3)挺身式。挺身式腾空技术的特点是,在腾空时身体比较舒展。起跳腾空后,仍要保持腾空姿势,此时注意摆动腿和大腿不要抬太高,摆动腿小腿随之向前、向下、向后呈弧形划动,两臂也随之向下、向后,再向前大幅度划动;与此同时,起跳腿屈膝与摆动腿靠拢,展髋、挺胸、挺腰,整个身体展开,保持充分的挺身姿势。当身体即将落地时,两臂向后摆动,躯干前倾,两腿迅速收腹举腿,小腿前伸,准备落地。这种挺身式的空中技术能使身体充分伸展,因此,要经常训练身体的协调性和平衡能力。

### 4. 落地技术

正确的落地技术不仅有利于健身效果的提高,而且可以防止受伤。在完成腾空动作后,大腿尽可能靠近胸部,小腿自然向前伸,同时两臂后摆。当脚跟接触沙面后,应迅速屈膝缓冲,同时两臂由体后向前摆,并借助惯性向前方或侧方倒下,避免坐入沙坑。

### (三)健身跳锻炼方法

健身跳对于人体运动器官和神经系统的良好发育有积极的影响,同时,还能有效促进身高增长,提高心理素质水平,培养良好的意志品质和个性心理。健身跳具体有以下几种方法。

### 1. 高度跳健身

(1)原地单足换腿跳。左(或右)腿蹬伸跳起,右(或左)腿向上摆动,跳起时摆动腿下放与蹬地腿配合人体向上伸展,接着起跳腿落地,摆动腿上步换腿后继续蹬伸跳起。

(2)原地蹲跳起。原地全蹲或半蹲,两臂后摆,两腿迅速用力向上蹬伸,两臂向上摆动,使人体尽可能获得最高的腾空高度。

(3)团身收腹跳。原地半蹲跳起,两腿并拢,屈膝团身大腿尽量触及胸部,两臂协调配合摆动。

### 2. 远度跳健身

(1)立定跳远。两脚开立,协调预摆几次,两臂、两腿用力蹬伸,然后收腹举腿前伸落地。

(2)原地两级蛙跳。两脚原地开立,协调预摆,两臂及两腿用力蹬伸摆动,收腹举腿前伸落地,接着继续蹬伸配合进行第二次跳跃。

(3)立定跳远后坐入沙坑。基本要领同立定跳远,只是两脚落地时,尽量使两腿触胸后两脚远伸,臀部坐入沙坑。

(4)蹲起挺身跳。两腿半蹲,两臂用力向前上摆起,同时两腿用力蹬伸跳起,在空中挺胸展胯,然后收腹举腿落地。

### 3.障碍跳健身

(1)原地弓步并腿跳跃过障碍。在距离障碍80厘米处弓步站立,障碍高30厘米左右。两臂向前上方摆起,支撑腿用力蹬伸向前上方跳起,两腿并拢、收腹越过障碍后落地。

(2)跳深。跳箱高60~100厘米,栏架高80~100厘米,栏架距跳箱2米左右。站在跳箱上两腿并拢跳下,接着继续跳起越过栏架。

### 4.游戏跳健身

(1)连续双脚跳台阶。台阶高30~50厘米,双腿跳起,蹬踏在台阶上,然后向后跳下,连续练习。

(2)连续单腿跳过实心球。实心球间隔2米,设置15个左右,单腿连续向前快速跳过实心球。

## 二、潜水健身方法指导

潜水是一种在水面以下进行的健身、观赏、体验活动,具有锻炼身体、休闲娱乐的功能,是当前年轻人十分崇尚的一项户外休闲健身运动。下面分析潜水的主要健身技术。

### (一)入水技能

潜水的入水姿势主要有以下四种。

#### 1.正面直立跳水

双脚前后开立,一手按住面罩,另一手按空气筒背带。水深在1.5米以上时可采用这一入水姿势。

#### 2.正面坐姿入水

双手撑住一侧平台,稍用力支撑身体,然后旋转身体进入水中。初学潜水的人适合采用这一入水姿势。

#### 3.侧身入水

在橡皮艇上俯卧滚身入水。

### 4. 背向坐姿入水

面向船内坐于船帮上,一手按住咬嘴及面镜,另一手抓住气瓶或按住后脑处的面镜带,向后仰面入水。

### (二)潜降技能

潜水者一般喜欢采取 BC(浮力调解器)法来参与潜水运动,浮力调节器在潜水运动中可用可不用,如果要使用,需与配重带配套使用,潜降时应头上脚下。如果不使用,潜降时头下脚上。

### (三)上升技能

上升时,要注意对速度的控制,每分钟的上升速度最好小于 18 米,呼出气泡的上升速度一般应比身体上升的速度快。潜水者在上升过程中应连续不断地呼吸,不要憋气,同时注意在转体时速度一定要慢,不可急着转身。

### (四)潜水手语

潜水手语是潜水者,特别是潜水初学者应重点掌握的一项基本潜水技能,只有将这项技能熟练掌握,并能够准确运用,潜水者与同伴才能在水下正常交流。

下面介绍几种常用手势。

(1)情况良好:OK。

(2)注意(物体)方向:食指指示方向。

(3)上浮:右手握拳,拇指向上。

(4)下潜:右手握拳,拇指向下。

## 第三节 有氧与无氧混合代谢运动健身

有氧与无氧混合代谢运动就是有氧无氧代谢供能交替条件下持续的运动。从医学角度看,混合代谢运动是比较好的运动锻炼方式,有快也有慢,有急有缓,有氧无氧交错,对增强体质、提高身体的适应能力有更好的效果。常见的混合代谢运动项目有球类运动、摔跤、柔道等。本节主要选取羽毛球、足球、篮球等常见球类运动项目进行分析。

# 一、羽毛球健身方法指导

参与羽毛球运动,要不断完成脚步移动、跳跃、转体、挥拍等动作,这有利于促进上下肢和腰部肌肉力量的增加,促进血液循环及心血管系统功能的改善。长期参加羽毛球运动,可有效增强心脏功能,提高机体的耐久力及神经系统的灵敏性与协调性。

下面主要分析羽毛球健身技术方法。

## (一)发球

以正手发网前球为例。

右手持拍,手放松,前臂向前摆,手指发力控制球拍,击球时,手腕发力,用斜拍面向对方前发球区内击球。

## (二)接发球

以前场正手接发球为例。

### 1. 接发球勾对角小球

手腕内旋,拇指、食指发力转动拍柄击球,使球落在对方网前斜对角。

### 2. 接发球挑球

击球点低一些,用与地面呈钝角的拍面仰角,前臂内旋,拇指、食指发力将拍柄握紧,手腕伸展奋力击球。

## (三)网前击球

以网前正手推球为例。

根据判断及时向目标方位移动,右手平举球拍。准备推球时,前臂外旋,拍面与来球相对。正式推球时,将拍面后移,闪腕,握紧拍柄快速击球。

### (四)中场击球

以中场正手平抽球为例。

根据判断及时向目标方位移动,与球网侧对,上体向右侧稍倾,右脚支撑体重,击球时,手腕在前臂的带动下抽压,抖动挥球拍。

### (五)后场击球

以后场正手吊球为例。

拍面稍内斜,手腕切削下压,将球托后部和侧后部作为击球点。如果是吊斜线球,以球托右侧作为切削点;如果是吊直线球,拍面与前方正对,以向下切削为主。

## 二、足球健身方法指导

参加足球运动,不仅能有效提高人体各器官系统的功能,促进人体各项身体素质的全面发展和提高,还有助于培养顽强拼搏的精神和机智果断、思维清晰、反应敏锐的逻辑思维能力。这对于人的全面健康发展具有重要意义。

下面主要分析足球健身技术方法。

### (一)传球

传球动作要快速完成,要善于对球场情况及同伴位置进行观察,从而根据自己所得信息和判断来灵活传球,注意隐藏传球意图,避免被发现。

### (二)接球

1. 脚内侧接球

以脚内侧接空中球为例。

脚尖上翘,使脚内侧与球接触,触球后下压球,使球落在右脚前,为接下来的运球做准备。

## 2. 大腿接球

屈右膝,抬右腿,用右大腿去碰来球,触球后右脚及时落地,膝盖伸直。

## 3. 脚背正面接球

左脚支撑重心,右脚接球,接球时,右脚上抬,用脚背去碰球,触球后迅速收腿。

## 4. 胸部接球

(1)挺胸接球。与来球相对,上体向后仰,用胸部触球,然后挺胸抬后脚,将球控制好。

(2)收胸接球。挺胸迎球,触球后收胸扣压球,使球顺利落到脚下,以便运球。

### (三)运球

以运球过人为例。

逼近防守者,注意对球的保护,身体重心下移,采用假动作使防守者被动移动,达到目的后,趁机摆脱防守,继续向目标方向运球。

### (四)踢球

## 1. 脚背正面踢球

以左脚踢球为例。

身体稍向来球方向转,左腿屈膝上抬,小腿前摆,用脚背正面踢球。

## 2. 脚内侧踢球

根据判断向目标方位迅速移动,右腿屈膝上抬,小腿后摆,以脚内侧踢球。

### (五)头顶球

## 1. 原地顶球

稍屈膝,两臂屈肘张开,靠近来球时,快速向前摆体,用前额正面把球顶出。

### 2.鱼跃头顶球

与来球相向而立,身体前倾,双脚前蹬,利用蹬地的力水平跃出,同时向前伸展两臂,用前额顶球。

## 三、篮球健身方法指导

经常参加篮球运动,能够使肌肉结实,体形匀称,体格健壮,促进身体素质的发展。还能促进心脏、呼吸、血管、消化等器官功能的改善,提高神经系统的灵活性。此外,篮球运动对人体大脑功能水平的提高与智力的发展也有重要意义。

下面主要分析篮球健身技术方法。

### (一)移动

#### 1.起动

降重心,上身前倾,两肘弯曲,快速摆臂起动。前两步动作短促而快速,慢慢前移重心,抬上体。

#### 2.跑

以变向跑为例,从右变向左侧时,最后一步时,右脚前脚掌内侧用力蹬地,脚尖内扣,右膝迅速弯曲,上体同时左转,并向前倾,重心左移,左脚迅速前进。

#### 3.跳

以双脚跳为例,两脚开立,屈膝降重心。两脚用力蹬地,两臂上摆,身体腾起,保持平衡。落地时,屈膝缓冲。

### (二)传球

以双手胸前传球为例。

双手将球置于胸腹间,两肘弯曲,注视传球方向,做好基本准备。传球时,后脚发力蹬地,上体前倾,两臂向目标方向伸直,拇指用力下压,借助食指、中指的力量迅速拨球,将球传给队友。

### (三)接球

以右手单手接球为例。

右脚迈向来球方向,右臂微屈,五指自然分开并伸向迎球方向,左脚迈一步。手指触球后,手臂顺势后撤,收肩,上体向右后方向微转,将球握于胸前成双手持球。

### (四)运球

**1. 高运球**

两腿微屈,上体稍稍前倾,注视运球方向,前臂自然伸屈,用手腕与手指柔和而有力按拍球的后上方,球的反弹高度在胸腹位置,注意手脚的配合。

**2. 低运球**

两腿弯曲下蹲,上体前倾,在体侧拍球,使球反弹后位于膝关节高度,利用上体和腿将球保护好。

**3. 转身运球**

当对手右路堵截时,迅速上左脚,微屈膝,重心移至左脚,并以左脚前脚掌为轴做后转身,右手将球拉至身体的后侧方,并按拍球落在身体的外侧方,然后换左手运球,加速超越防守。

### (五)防守

以抢球为例。

防守者趁持球者保护球不当或注意力分散时实施抢球计划。要快而狠、果断完成抢球计划,控制球后,利用拧、拉和身体扭转力量迅速收球,从而完成夺球动作。

### (六)投篮

以原地右手单手投篮为例。

双脚分开,肘弯曲,手腕后仰,掌心朝上,五指分开,左手将球的侧面扶住,稍屈膝,上体稍向后倾斜,双眼注视篮点。投篮时,下肢蹬伸,伸展腰腹部,伸直前臂,前屈手腕,利用手指弹拨球,最后用食指与中指将球用力投出,右臂自然跟进。

# 第五章 大学生运动健康促进

## 第一节 大学生体育锻炼促进健康的理论

### 一、体育锻炼促进健康的基本常识

#### (一)体育锻炼的时间选择

很久以来,人们一直在为最佳的锻炼时间争论不休,直到现在,经过世界各国不同学者的反复论证,对于一天之中究竟在哪个时间段内进行运动锻炼可以取得最佳的运动效果也没有具体的科学定论。由于每个人的体质不同,可以进行运动锻炼的时间也不同,更多时候运动者还是要依据自身的习惯和时间来进行运动。其实,在不同的时间段进行运动都有需要注意的问题。

1. 早晨运动

我国参与运动锻炼的群体,有大部分会选择在早晨进行运动锻炼,大学生们也是。主要是因为人体经过一个晚上的充分休息,早晨的精力较为充沛,且早晨的空气也比较清新,相对来说比较适合进行体育运动。晨练需要注意的是:一般晨练都是空腹进行,因此不适合进行强度较高的运动,容易造成低血糖;早晨更适合选择像健身走、太极拳之类的有氧项目。

### 2. 上午运动

由于每个人拥有的可自由支配的时间不同，选择在上午进行锻炼的人们，为了更好地让运动促进健康，在进行运动时不可以安排活动量过大的运动项目。为了避免影响食欲，最好不要在饭前、饭后一小时之内安排运动，否则会影响人体肠胃系统的消化、吸收功能。

### 3. 下午运动

安排在下午进行运动的人们，一定要考虑空气污染的问题，城市里由于汽车尾气和工业污染，一般下午是空气质量最差的时间段，如果只能在下午进行运动，一定要选择在绿化环境相对较好的场所内进行锻炼，运动完毕时不适合立刻进餐。

### 4. 傍晚运动

选择晚间进行锻炼的人们，在运动结束后，应隔一个小时以上再上床休息，这样更有利于睡眠和达到良好的健身效果。如果运动后立即上床休息，机体仍然处于兴奋的状态，会影响睡眠质量。

## (二)体育锻炼的环境卫生

身体的健康状态和人们生活中的很多因素紧密相关（生活环境、生活习惯、先天的健康状况以及后天的锻炼），因此，运动者要清楚地了解自身体质的状态，选择适合的运动项目进行有效的锻炼。进行运动锻炼时先要清楚运动环境会给运动带来的利弊影响，这对于锻炼效果有积极的促进作用。

### 1. 空气

(1)空气对人体健康的影响。空气对于人类生存有重要意义，空气是人类赖以生存必不可少的环境因素之一，它对人体的新陈代谢、热代谢和气体交换有着尤为重要的作用。空气质量的好坏直接影响着人体的健康水平，人体通过自身的呼吸系统与外界进行气体交换，若空气中的含氧量低于10%，中枢神经系统功能就会减弱，人体会出现恶心呕吐的现象；若含氧量低至8%以下，人体就已经进入危险的状态，会出现体温下降、昏迷、窒息现象，甚至会导致死亡。

新鲜的空气可以让人精神振奋，减轻疲劳，改善睡眠，加速基础代谢，同时提高工作效率和学习效率。如果空气中含有较多有害气体，不仅会影响空气的含氧量，而且空气中夹带的细菌一旦进入体内，还容易引起呼吸道疾病。为了防止灰尘进入内脏器官，在运动中应养成用鼻子呼吸的好习惯，鼻腔中鼻毛和黏膜所分泌的黏液可以有效地阻止空气中的灰尘、细菌进入体内。

(2)空气中的主要有害成分。生活中无数的有害物质每天源源不断地散播到大气中污染着空气。大气中的有害物质主要有以下三种。

①二氧化碳。二氧化碳是煤炭燃烧的副产物之一，当空气中二氧化碳含量增多时，就会有呛嗓子的气味。

②氧化氮。氧化氮是氧和氮在燃烧过程中产生的有毒物质，正常情况下马力较大的汽车排出的这种有毒气体最多。

③PM2.5。又称为霾、细颗粒物、细粒、细颗粒。它是一种直径小于或等于2.5微米的一种颗粒悬浮物，能长时间悬浮在空中，空气浓度越大，污染程度越强，对人体的伤害就越大。如随呼吸进入肺泡，会严重影响肺部的通气功能，甚至会引发多种疾病。

(3)空气污染对人体健康的害处。综合来讲，大气污染给人体带来的伤害可以分为三个部分。①急性危害。受气候条件限制，空气中的污染物不能及时转移和扩散，或工厂内一次性排放出大量的有毒物质，使人们在短时间内吸入大量的有毒气体，就会引发急性中毒。②慢性危害。人们生活的区域长期有有毒物质排放的话，空气中的有毒物质会侵入呼吸系统，使其防御功能受到损害，人体很容易患感冒、肺炎、支气管炎等疾病。空气中的烟尘颗粒也会给人体的呼吸系统带来慢性危害。③致癌作用。大气中存在三十多种致癌物质,大多来自灰尘、煤烟和汽车尾气等,城市居民长期生活在这样的大气环境中,呼吸道感染疾病的概率会大大增加。正如世界上多个国家所证明的那样,城市癌症高发于农村,这和城市空气污染有很大的关系。

### 2. 气温

人类是恒温动物,保持身体恒定的温度对于体内的新陈代谢有很大的促进作用。人体在不同的气温下,会调整体内新陈代谢力度和散热方式,以适应不同的温度变化来保持身体恒温。

当气温处在 21℃ 左右时,身体的生理机能处在最佳状态,相应的机体的工作能力也最强。

当气温超过 35℃ 时,人体稍微活动,身体就会大量出汗,体内含水量会迅速减少,导致体内环境改变,出现缺水现象,同时身体机能下降,严重者出现痉挛、中暑等症状。若遇到类似状况,应立即停止运动,迅速补充体内水分,并在阴凉处做紧急处理。

在寒冷的环境中进行运动锻炼时,一定要选择轻薄、防寒、保暖的运动服装。运动前要做好热身准备,防止出现运动损伤。

### 3. 太阳光线

在夏季进行运动锻炼时,为了避免强烈的阳光晒伤皮肤、导致中暑,因此在进行运动锻炼前应做足防晒避暑工作。阳光中含有紫外线和红外线两种成分。

阳光中的紫外线成分,是一种消毒杀菌作用很强的光线,并且带有强大的化学刺激作用,紫外线照射皮肤后,能使皮肤里的 7-脱氢胆固醇转变成维生素 D,提高抗病能力,刺激造血功能,在一定程度上可以预防贫血。红外线则是产生热作用的射线,主要是对人体起温热作用,红外线照射皮肤后,深入肌肉组织,可以加快血液循环、增强体内物质的代谢能力,还可以兴奋神经,让人精神振奋。

## (三)体育锻炼的生活卫生

### 1. 睡眠与健康

良好的睡眠是消除疲劳、保持身体健康的生理功能之一,是脑部以及身体其他器官最好的放松方式。人们处在睡眠状态时,人体与周围环境暂时脱离关系,整个机体都处在调整和恢复的状态之中。

### 2. 戒除不良嗜好

(1)戒烟。世界上多个国家的科学家经过大量科学实验和社会调查证明,吸烟对人体健康的危害很大,香烟中的尼古丁、焦油、亚硝酸以及毒性特别大的放射性物质钋210等,都是香烟烟雾中极活跃的有毒物质。吸烟不仅会诱发多种疾病,甚至会危害生命。对于不抽烟的人,长期被动吸收二手烟,也会受到不同程度的危害。

(2)饮酒切忌过量。白酒中的主要成分是酒精,又称作乙醇,是有毒物质,如果短时间内大量摄入,会破坏体内的红、白细胞,损害人体健康。酒精对心脏的伤害最大,长期大量饮酒,会使心脏因失去应有的弹性而增大;再者,酒精会使血液中的脂肪沉淀在血管壁上,发生血液粥样化,使血管变窄,血压升高,增加对心脏的二次伤害。

### 3. 劳逸结合

大脑在长时间进行紧张的思考学习、经常熬夜时容易出现疲劳的现象,不仅视力会受到影响,学习效率也会下降。这时最好的方式就是进行调整和休息,保证每天一小时的运动,劳逸结合,合理安排学习和锻炼的时间,提高大脑的反应能力,对于保持视力也有积极的作用。大学生如果睡眠和运动不足,大脑容易疲劳,这会降低大脑功能,引发神经衰弱、偏头痛等。

### 4. 运动服装与卫生

在进行户外运动锻炼时,合适的装备会使运动的效果事半功倍。

现在不同的运动项目都有专用的服装和鞋、袜。夏季进行运动锻炼时一定要尽量选择浅色、薄款,并且透气性、吸湿性良好的运动服;冬季进行户外运动锻炼时,在不影响运动的前提下,还要注意服装的保暖性。

(1)运动鞋。首先要根据自身所选择的运动项目选择相应的运动鞋,现在不同的项目都配有专业的运动鞋,但需要注意的是,在选择运动鞋时一定要试穿(现在很多人都选择网购),大小一定要合适,不合脚的鞋子会给锻炼带来不利的影响。另外,就是要注意鞋子的透气性和轻便性。运动前除了选择合适的运动鞋,还要注意选择专业的运动袜来配合,相对于普通袜子,运动袜更厚,材质易吸收汗液,并可减少脚部摩擦和受伤。

(2)运动衣。为了在运动过程中没有被束缚的感觉和避免皮肤擦伤,运动服一般都设计得比较宽松,且透气性良好,有利于排泄人体代谢物。选择紧身的运动服在运动过程中会对人体的肢体和关节有一定程度的束缚,这在很大程度上会影响运动中各种动作的完成。

**(四)体育锻炼的常见误区——跑步是有氧运动,力量练习是无氧运动**

现代社会中健身项目繁多,很多人受不正确的运动观念的误导,认为游泳、跑步才是有氧运动,球类运动和力量练习属于无氧运动。其实无氧运动和有氧运动不是以运动项目来区别的,而是以运动的强度和人体机能能量的代谢方式来区别的。

在运动锻炼的过程中,当运动强度较小时,人体机能的供能方式主要是有氧代谢,这时所进行的运动为有氧运动;当运动强度较大时,机体的供能方式转换成了无氧代谢,这时的运动则为无氧运动。所以,我们不能单纯地将具体运动项目归纳成有氧运动或无氧运动,而是要在运动时更注重调节运动的强度和保持运动的科学性、合理性。

## 二、体育锻炼对人的心理的影响

### (一)体育锻炼可改善情绪状态的控制

实践证明,体育锻炼对人体心理健康影响的主要标志就是情绪的状态,情绪状态也是显示人们的自然需要能否得到满足的一种心理展现。人的心理状态和情绪会参与机体的所有活动,这会在很大程度上影响活动结果。科学、合理的运动锻炼有助于提高人们积极、乐观、向上的情绪,成功地抑制各种负面情绪的产生;从某种意义上来讲,运动锻炼是人体情绪的调节剂,稳定的情绪对人体健康有极大的保障意义。

### (二)体育锻炼可加强对意志品质的培养

竞技体育所特有的挑战、探索精神,能为人们进行体育运动时更好地培养运动者拼搏、坚毅、果断的优良品质起到重要的作用。在众多的体育运动项目中,进行任何一项运动锻炼都要有克服各种客观和主观困难的毅力和决心。运动锻炼中环境的变化、身体的疲劳、项目的难易度都是考验人们意志是否坚决的重要依据;特别是选择户外运动的人,定期参与野外生存或极限挑战项目类运动,对于提高运动者的意志有积极的促进作用。

### (三)确立良好的自我概念

自我概念,就是指个体主观上对于自身存在的评价与体验,主要是指一个人自我认知的程度,它涵盖了个体通过所经历事情得到的经验和从别人身上反馈的学习信息,加深对自身的了解和性格的养成。它是由人的信仰、感情的起伏、学习的态度组成的有机整体,是陪伴人们整个人生的活动行为,通过个体展现出来就是某种特定的习惯。这主要由个体的自我感觉、反应评价以及通过社会比较三部分组成。多种事实证明,经常坚持运动锻炼可以使人精力充沛、体格强健。所以,坚持运动不仅仅能改善人体的表象状态,同时对人体内在健康的提升也有相当大的帮助。

根据有关资料显示,日常生活中的正常人群中普遍存在身体的表象障碍现象,不管是社会人群还是当代的青年大学生。从整体来讲,有半数的大学生对于他们的体重不是特别满意,尤其是女大学生,和男生相比,她们更倾向于高估、夸大自己的体重。身体自尊是指个体对于自身运动能力的肯定、对于外在魅力的评价以及自身对于外界不利健康因素的抵抗力评价。无论男生还是女生,对于身体表象的不满会严重降低个体自尊,严重的会导致焦虑、不安,没有安全感或产生抑郁症状。选择合适的运动项目,加强自我锻炼,对于增强肌肉力量和人体自尊、稳定情绪、提高自信心都有显著效果。

## 第二节　运动对大学生体质健康的促进

### 一、运动对大学生体质健康的影响

#### (一)健康观念与运动参与

#### 1.个体健康观念的形成

随着现代医学的发展,人们个体健康观念的形式以及人类寿命的延长,使现代医学模式已经由原来单纯的生物型转变为"生物型—心理型—社会型"的医学模式。以前人们只关注个体的生物属性,对个体健康的理解仅仅是没有疾病;而现代个体健康概念强调的是作为有生物性和社会性两重属性意义的个体对不断变化的环境的适应能力和适应程度,强调个体在躯体、心理和社会适应方面的共同发展,以达到良好的适应状态。现代个体健康观念要求每个人不仅有较高的躯体健康水平,而且也需要有良好的心理素质和社会适应能力。

在这个层面上,人们把身体健康理解为:全身各器官发育良好,组织结构完整,生理指标没有异常,身体处在充满活力、健康的状态。

对心理健康的理解则是:智力发育正常,人际关系良好,情感、意志力行为没有缺陷,社会适应能力强。

社会适应健康指的是:个体如何在社会上与人友好相处,以及如何应对、适应对方而做出反应,个体与社会习俗和社会制度如何相互作用。

社会进步和经济发展,给人类带来了越来越多的健康问题。20世纪中叶,"运动缺乏"对健康的威胁逐渐被人们所重视。到了20世纪70年代,美国学者John Knowles撰写了《个人的责任》一书,他认为个人健康最大的敌人就是个人本身。在此观点的影响下,20世纪80年代美国发动了一场以改变个人健康行为为目的的"健康促进运动"。这场健康促进运动对于改善个体健康状态起到了很重要的作用。最近加拿大华裔医学思想家谢华真博士提出了一个新的基本理念——"健商"。其定义是"一个人运用自己的智力保持健康的能力"。"健商"概念的提出说明人们的健康意识已是世界范围内的普遍问题。

缺乏锻炼、高脂肪和高胆固醇的饮食、紧张、吸烟、酗酒、滥用药物、接触化学毒物和不良性行为等都会引起严重的个体健康问题甚至导致死亡。相反,经常性的身体运动、注意饮食、保持良好的心态、杜绝不良嗜好和重视安全保护等,对于个体健康是有益的。

## 2. 个体健康观念对体育运动参与的影响

人们想要获得健康的身体离不开参与体育运动,首先要从养成良好的生活方式入手,坚持规律的体育运动。要全方位地对体育运动有正确的认知,体育运动能促进人们对健康知识拥有求知欲望,一个人所获得的运动健康知识量会决定他参与体育活动的信心。保证人们毅然参与体育运动锻炼的基础是,人们能够清楚地认识到体育运动对人体健康的促进作用。在进行体育锻炼的实践中,个体一旦体会到了体育锻炼对生活状态产生的积极影响,就会不由自主地提高运动锻炼的持久性和自觉性,最终体育锻炼将成为生活中相对稳定的一部分内容。

### (二)适量运动对个体健康的影响

#### 1.对适量运动的界定

适量运动是指根据运动者的个人身体状况、场地、器材和气候条件,选择适合的运动项目,使运动负荷不超过人体的承受能力。运动过程中的运动强度、持续时间和运动频率要适宜,运动时的心率范围要控制在120～150次/分;机体无不良反应,运动后略觉疲劳,恢复速度快;情绪和食欲良好,睡眠质量高,睡醒后感觉精力充沛。

#### 2.适量运动对人体生理机能的影响

(1)对心血管机能的影响。适量运动能使心肌纤维增粗、心壁增厚、心脏重量和容积都增大,使心肌的收缩性增强,心肌耗氧量明显降低,具有较高的心肌耗氧效率和能量节省能力,还能使心肌ATP酶的活性提高,左心室压力最大升降加快,对钙的摄取和释放速率加快,促进心肌的收缩和舒张,使脉搏输出量增加。

适量运动能使心肌糖原贮量和糖原分解酶活性增强,三酰甘油(甘油三酯)转化速度加快,线粒体氧化磷酸化和氧的摄取能力均得到提高。

适量运动时冠状动脉的血流量成倍增加,改善了心肌营养与氧气的供应,加强了代谢。适量运动还能增加动脉血管的弹性,使血管在器官内的分布数量增加,有利于器官组织的供血和功能的提高。

(2)对呼吸功能的影响。适量运动可以增加肺组织的弹性,增强呼吸肌的力量和耐力,使呼吸频率减慢,呼吸深度增加,肺通气和肺换气的效率提高,血红蛋白含量增高,组织的氧利用率提高,因而摄氧量也会随之改善。

(3)对神经系统机能的影响。适量运动可促进神经系统的生长发育,使脑的重量和大脑皮质(大脑皮层)厚度增加,大脑皮质表面积增大。还可以加快脑细胞的新陈代谢,对提高脑细胞的功能、工作效率及对脑细胞功能的保护都有良好作用。

在进行适量运动时,人体各部分之间的协调配合会比平时更好,内脏系统活动能迅速激活,自主神经调节活动的均衡性会加强。适量运动能使神经细胞的工作强度、兴奋抑制转换的灵活性及均衡性都得到提高。由于运动时减少了脑血流的阻力,因此还有防止动脉硬化的作用。

经常参加适量运动的人的记忆力与大脑工作的耐久力都比较强,反应更快、更敏锐,神经系统的分析、综合和控制能力会增强,工作效率也会提高。

(4)对运动系统机能的影响。适量运动可以使骨密度增加,骨骼变粗,肌肉附着处的骨突增大,骨小梁排列更为规则。少年儿童参加适量运动还能促使骨有机成分增加,无机成分减少,使骨更具弹性和韧性。这些变化提高了骨骼抗折断、弯曲、压拉及扭转等方面的能力。适量运动还可以刺激长骨增长,使人长高。

(5)对免疫功能的影响。适度运动是机体对运动应激的生理性适应,表现为机体免疫机能的增强,不易感冒,增强机体抵抗病毒的能力。

(6)对胃肠机能的影响。适量运动可使胃肠蠕动增强,血液循环得到改善,消化液分泌增加,加速营养物质的转化与吸收。适量运动时呼吸运动会增强,膈肌活动范围加大,对腹壁胃肠能起到按摩作用,从而促进消化吸收。

(7)对身体成分的改善。适量运动可促进脂肪分解,促进肌肉蛋白质的合成,使体脂含量减少,体重增加,有利于改善和保持正常的身体成分,预防与身体成分异常有关的疾病的发生。

(8)防治疾病。适量运动能全面增强身体各器官系统的机能,提高机体对内环境变化的适应能力,起到防治疾病的作用。

适量运动对降低正常人或轻度高血压患者的血压有良好的作

用,可以预防和治疗高血压,可以延缓动脉粥样斑块的发展,增加冠状动脉的贮备,在心血管疾病的防治上具有重要意义。

适量运动可以有效减缓随年龄增长而发生的骨质疏松症状。

适量运动有助于调整神经系统的活动状态,协调各中枢神经系统间兴奋与抑制的平衡,改善其机能活动;同时使运动者的情绪得到改善,心理负担减轻,有防治神经衰弱的作用。

适量运动可增加胰岛素受体对胰岛素的亲和力,促进肌肉对糖的利用、降低血糖,增加肌肉对脂肪酸的利用、降低血脂,因而有防治糖尿病的作用。

(9)延缓衰老。参与适量的体育锻炼可以有效改善人体心血管系统的机能,加快新陈代谢,清除体内自由基,增强免疫系统的功能,提高机体抗氧化能力,改善机体内分泌,保持身体活力,延缓衰老。

### 3.适量运动对人体心理机能的影响

(1)对人体没有伤害的适量运动可以有效促进大脑的良好发育。

(2)通过提高本体运动感知觉,使人对自身更加了解。

(3)通过运动表象,提高认知和记忆能力。体现在:①通过运动形象、想象、模仿和直觉思维及空间判断活动,提高右脑机能;②通过运动时多种感、知觉的参与,从整体角度对信息进行综合、决策和应答,不停地对对手的意图及可能采取的行动作出判断和预测,做好与同伴的战术配合等活动,提高操作思维和直觉思维能力;③通过视觉的快速搜索(球和同伴的位置)、准确预测(球的落点)、决策与反应选择(必须决定做出何种应答反应,为行动留出时间)、快速有力的始发动作(起跑)、完成动作(协调、适宜、有效地支配身体完成动作)等活动,提高心理敏捷性。

(4)适量运动对人的情绪有良好的影响。体现在:①通过克服困难、竞争、冒险、把握机会、追求不确定结果,达到目标、控制、成功及挫折等过程,产生丰富的情绪体验;②适量运动具有宣泄、中和、抵消和对抗不愉快(负性)情绪和焦虑的作用;③适量运动可适应和对抗应激刺激,提高心理应激能力;④适量运动后可出现良好的心理状态;⑤适量运动具有兴奋和充满活力的特点,有抗抑郁的作用。

(5)适量运动可使运动者产生特殊的体验。体现在:①高峰表现,运动者有时可出现超出正常机能水平的行为表现;②流畅体验,运动过程中有时可出现理想的内部体验状态,表现出忘却、投入、乐趣、享受和控制感;③跑步者高潮,跑步者在跑步时会出现瞬间的欣快感。

(6)适量运动可促进心理建设。体现在:①人在适量运动中一次次证明自己的能力,使自我概念发生积极变化;②适量运动可促进人的社会化过程;③适量运动可培养人的自信心;④适量运动可培养人的进取精神。

### (三)过度运动对个体健康的影响

#### 1.过度运动的界定

体育锻炼中的过度运动涵盖了以下两方面的含义。

(1)进行体育锻炼时,由于大量运动使体内机能发生改变,营养不良、思想波动、运用恢复手段无效等,会使身体正常的负荷被改变为超负荷量,让主动运动转变为被动运动的应激刺激。

(2)当体育运动的运动量超过人体所能承受的极限时,会造成人体在能量、精神上过度消耗,短时间内无法恢复正常体力。两种运动过量的任何一种都会使人的运动能力减退,使身体出现非正常的心理症状和心理状态,会极大地损害人体健康。

造成过度运动的具体原因有以下三点。

(1)安排了和身体体质不相符的运动量。运动持续时间过长、强度过大会引发身体极度疲劳。

(2)患病后过早恢复锻炼或刚恢复锻炼时的运动量过大。

(3)没有养成良好的生活习惯,营养不良或不均衡、作息不规律、心情不快乐等。

## 2. 过度运动对人体生理机能的影响

人们在运动中为了快速达到锻炼效果,往往会不注意劳逸结合,从而给身体到来极重的负荷。过量运动会导致大脑早衰,体内各器官供氧、供血会失去平衡,体内免疫机制严重受损,这样非但达不到健身的效果,反而会加速全身各器官的衰老。

(1)容易发生运动损伤。对于处在运动锻炼初始阶段的人来说,连续过量的运动容易造成肌肉和骨附着力点处的疲劳、骨折和关节慢性劳损,具体表现为关节肿胀和疼痛。

青春期少年过度运动易导致运动损伤,如体操运动员的应力骨折,赛跑运动员的胫前肌综合征,以及其他专项运动综合征,如游泳肩、疲劳性骨膜炎和网球肘等。

(2)对抗氧化能力的影响。运动者的身体长期处于负荷量过重的状态,会增加体内的自由基含量,使机体的抗氧化能力明显下降,接着容易引发疾病、疲劳和骨骼损伤,进而加速人体衰老的进程。

(3)对骨骼肌机能的影响。过度的运动会使运动者肌肉超微结构损伤,改变物质代谢,使骨骼肌收缩能力下降,体内钙离子浓度增强,肌肉细胞内的钙离子平衡紊乱,带来肌肉酸痛、肌腱损伤等。

(4)对泌尿系统的影响。人在运动锻炼中机体大量排汗,导致肾脏血流量减少,尿液浓缩就会产生高渗性原尿。运动量超人体承受负荷时,体内血管收缩缺氧,致使二氧化碳潴留体内,滤过膜通透性增加,导致肾脏受损,严重者可导致运动性血尿。

(5)对胃肠机能的影响。过度的运动对运动者肠胃的损害也相当大,容易导致肠胃功能紊乱、食欲不振、头晕、恶心等。

(6)对神经系统的影响。过度进行体育锻炼对神经系统的影响主要有:出现头痛、失眠、头晕、记忆力下降等现象,严重的可导致人体出现自主神经紊乱的症状,主要表现为面色苍白、恶心、出汗、耳鸣等;更有甚者会因失去肌张力而导致丧失意识,突然昏厥。

(7)对心血管机能的影响。过度运动对人体心血管机能的影响尤为严重。运动者不能很好地将自己的运动量控制在合适范围内，容易给心肌毛细血管造成持续性损伤，心肌收缩功能和舒张功能也会因此有不同程度的损伤，还会造成心肌细胞发生缺氧、心肌力学指标明显下降。

具体表现为：心律不齐、胸闷、气短和休息时心率加快，运动后心率恢复很慢等；血小板的聚集机能明显增强，身体外周循环机能异常，血容量骤减、血压下降造成组织的缺血缺氧，最后引起过度性休克。

(8)对免疫机能的影响。过度运动对机体免疫机能的影响为：它可促进具有免疫抑制作用的激素释放，进而使机体的免疫能力被抑制，使人体免疫、抵抗功能下降，影响机体健康。人体在进行剧烈运动时，肾上腺素和皮质醇含量会增高，当它们的含量超过一定程度时，脾脏产生白细胞的能力就会大大减弱，淋巴细胞和自然杀伤细胞的活性也会相对降低。同时还会降低人体的免疫力，增加呼吸系统的感染概率，造成全身乏力，易感冒，体重减轻，使肺炎、肠道炎等感染性疾病的患病率大大增强，并增加了自身免疫性疾病的患病概率。

(9)对生殖系统的影响。女性在青春期过度运动可能导致月经周期异常，外阴创伤，卵巢扭转、破裂等症状。

### (四)运动缺乏对个体健康的影响

#### 1.对运动缺乏的界定

运动缺乏是引起慢性非传染性疾病(和生活息息相关的慢性病)的一级危险因素，这些慢性疾病包括高血压、糖尿病、冠心病和高血脂等，这一类疾病的患者基本上很少运动或者根本不运动。一个人如果每周运动不足3次、每次运动时间不足10分钟，就可定为运动强度偏低；如果运动时心率低于110次/分钟，则可定为运动缺乏。缺乏运动会对人体健康产生极大的不利影响。

#### 2.运动缺乏对人体生理机能的影响

人体长期缺乏运动，会降低身体新陈代谢的能力，引发多种肌肉关节疾病,如骨质疏松、肩周炎、颈椎病等,同时也会给身体带来不良的反应,导致心肺机能下降。人们长期久坐不动,很容易导致坐骨神经痛、痔疮、盆腔瘀血等症状;久坐不动还可以使人体抵抗力下降,增加患病的概率。运动缺乏易导致心肌损伤,增加老年人的死亡率,加速人们衰老,导致中风、糖尿病、心绞痛等发病率明显上升,运动缺乏对人体健康的不利影响极为重大。

运动缺乏的人可能会出现记忆力减退、注意力难集中、精神不振、疑病、多梦、疲劳、情绪不稳定、用脑后疲劳、耐力下降、困倦、烦躁、健忘、虚弱、活动后疲劳、易怒、失眠、有压抑感、思维效率低、易感冒、嗜睡、四肢乏力、情绪低落、头晕、目眩、抑郁、头疼、腰膝酸痛及脱发等亚健康症状。

### (五)运动与健康促进

#### 1. 体育运动对健康的促进作用

(1)健康生活方式与健康促进。实践证明,相对于药物的有效性,培养良好的生活方式对促进人们的健康有更重大的意义。体育锻炼和健康促进的关系紧密相连。人们如果每天都能坚持做到保证7~8小时的睡眠,坚持少食多餐,不抽烟、不酗酒,适当地进行体育锻炼,注重早餐的营养搭配和保持好标准的体重,这些良好的生活方式将在很大程度上促进健康的积极发展。

(2)体力活动与慢性病。现代社会经济高速发展,人类受机械化和快节奏生活的影响,运动已经不再是基本的生活方式,而是一种奢侈。大多数人由于缺乏运动,导致人体的各项机能得不到有效的磨合,抵抗力减弱,各种疾病开始袭来。人体处于一种亚健康状态,使胆结石、高血压、肥胖病等各种慢性病成为生活中的常见病,损害人体健康。

#### 2. 促进健康的身体运动量

促进健康最有效的方式之一就是运动。运动不仅能保证身体的灵活性,还能缓解心情,使人身心愉悦。经常参加体育锻炼的人,精神抖擞、面色红润,在工作、学习、生活中都能投入较高的热情和活力。

### (六)大学生的运动健康促进策略

#### 1. 增加运动器材与设备

时尚、先进的运动器材可以有效地吸引学生参与运动。因此,高校财政部门应该在大学生运动器材上多投入一些财力,购置先进的运动设备,为学生提供优良的运动资源,以保证他们参加运动的乐趣。

#### 2. 鼓励同伴一起参与运动

在体育锻炼中,同伴的鼓励和支持是不可或缺的重要因素,这一点对于大学生参与运动锻炼来说也非常重要。因此,大学生在参与运动的时候可以树立团体运动的意识,积极参与学生间的运动项目,以便促进个体的运动锻炼。

#### 3. 增设多样化运动社团

多姿多彩的大学校园社团也是促进大学生能够规律地参加运动的一个重要因素。因此,学校可以根据学生不同的兴趣爱好,组建多元化的运动社团来鼓励学生参加,多方培养大学生参与运动的习惯,使他们从多种运动项目中找到自己喜爱并能坚持的运动。

#### 4. 增进运动时的正面感受

大学生如果能在所有的体育锻炼项目中找到适合自己的运动,那么运动就不单是一种强身健体的方法,而且是一种属于自己放松精神的方式。所以,高校应该多在体育课堂上讲解体育运动的内容以及运动的趣味性,传递运动的乐趣。这样,学生不仅能够在体育锻炼中体验到运动的快乐,还能培养大学生养成长期坚持运动的良好习惯。

## 二、运动中常见的生理反应及预防

人们为了强身健体和增进体能,在日常生活中总是有目的地进行运动锻炼;但是在锻炼过程中,如果姿势不正确或者锻炼方法不当就会产生运动损伤。如果因为运动损伤影响到身心健康甚至造成终身遗憾,就违背了我们参与运动锻炼的初衷。所以,在进行运动锻炼前,一定要先了解、学习一些基本的防治运动损伤的知识,正确地进行锻炼,避免运动损伤。

### (一)运动中常见的生理反应及注意事项

#### 1.运动性腹痛

(1)概念。在非疾病的原因下,运动时出现不同程度的腹部疼痛的现象称为"运动性腹痛",最常见的是发生在较长距离的跑步时。

(2)处理方法。排除疾病的可能后,尽可能地采取减速慢跑和调整呼吸的运动策略,并用手部对疼痛部位进行轻轻按压来缓解疼痛。假如症状得不到缓解,反而有所加重,应立即停止运动或到医院进行诊断和治疗。

#### 2.肌肉酸痛

(1)概念。由运动而引起的肌肉酸痛一般可以分为急性肌肉酸痛和慢性肌肉酸痛(迟发性的肌肉酸痛)两种。急性肌肉酸痛有别于肌肉拉伤,可因肌肉的暂时性缺血造成酸痛现象,常伴随肌肉僵硬的现象,在肌肉做剧烈运动时才会发生,肌肉活动一结束,经过简单的恢复措施、无须治疗即可消失。有时肌肉酸痛不是即刻发生在运动结束后,而是发生在运动结束后的1~2天,称为延迟性肌肉酸痛。

(2)处理方法。缓解肌肉酸痛最好的方法是按摩和热敷,帮助肌肉放松,促进酸痛部位的血液循环,缓解酸痛;还可以进行适度的静力拉伸练习,帮助肌纤维进行修复。

#### 3.肌肉痉挛

(1)概念。肌肉痉挛又被称作抽筋,是指肌肉不由自主地强直收缩。在进行运动练习时,最容易抽筋的部位是小腿三头肌,然后是足底的屈拇肌和屈趾肌。肌肉发生痉挛时,常常疼痛难忍,并且短时间内不容易缓解。

（2）处理方法。根据痉挛部位，牵引痉挛肌肉，即可缓解。例如，游泳中发生腓肠肌痉挛时，不要惊慌，深吸一口气，仰浮于水面，用抽筋肢体对侧的手握住抽筋肢体的足趾，用力向身体方向回拉，同时用同侧的手掌压在抽筋肢体的膝盖上，伸直膝关节，即可缓解；如果不行，应大声呼救或立即上岸处理。

4.运动性中暑

（1）概念。中暑是指在高温和热辐射的长时间作用下，发生体温调节障碍，水、电解质代谢紊乱及神经系统功能受到损害的症状。根据发病机制和临床表现的不同，通常可将中暑分为热痉挛、热衰竭和热（日）射病。运动性中暑通常指由于运动的原因大量产热，而造成运动者体内过热，发生高热出汗或肤燥无汗、烦躁、口渴、神昏抽搐，或以呕吐腹痛为主要表现的疾病。此症多见于进行较长时间或较大强度运动的运动者。

（2）处理方法。运动中运动者发生中暑时，首先应把患者送到阴凉通风处，对患者进行降温治疗，可采取药物降温法和物理降温法，并同时给患者补充葡萄糖溶液或者生理盐水。中暑严重的患者在经临时处理后，应紧急送往医院进行治疗。

### （二）运动注意事项

#### 1.剧烈运动后的冷水浴

剧烈运动后，通常会汗流浃背、身体疲劳，这时是不宜进行冷水浴的。众所周知，在运动过程中会消耗肌肉很多的营养物质，同时机体新陈代谢会增强，体内因为运动所产生的热量需要散发出去，即使运动停止，汗腺的散热任务也不会立刻停止。如果运动后立即进行冷水浴，会导致皮下血管突然收缩，体内的热量不能很好地散发出去，人体积留太多热量就会生病，因此一定要采取温水洗浴，以增进血液循环，消除疲劳。

### 2. 剧烈运动前后的饮食

运动时血液大量地供向运动系统的肌肉,如果进食后立即运动的话,消化系统还要承担繁重的消化任务,就会产生供血不足、影响消化系统的运作,导致肠胃疾病。运动前后和进食之间最少要有半个小时的时间间隔,这样消化系统的负担也小,也容易获得理想的锻炼效果。

### 3. 运动中的饮水

运动不仅会大量消耗能量,运动后因大量出汗也会丧失水分,人体缺水就会影响生理机能的工作能力。及时给身体补充体内流失的水分是生理的需要,不然运动者会出现口干舌燥、精神不振的现象。

### 4. 运动中的呼吸

运动中一直提倡用鼻子呼吸,但是有些同学认为运动时会增加通气量,单纯用鼻子呼吸根本满足不了人体的通气需求。其实,这种想法是不正确的,掌握好运动节奏,两个鼻孔完全可以满足人体通气的需求。假如实在难以做到,为了减少细菌的侵入,可在呼气的时候用嘴巴来辅助,但一定要用鼻子来完成吸气动作。

## (三)运动性疲劳及其恢复

### 1. 运动性疲劳

(1)运动性疲劳的定义。运动疲劳是一种正常的生理现象,通常是由于运动时间过长,导致身体功能出现暂时性下降,这对人体健康没有妨碍,一般通过休息就可以调整过来。

(2)运动性疲劳的成因。运动性疲劳也是一种生理性疲劳,是指在过度运动后身体会暂时性降低机体的运动能力。运动过程中,身体疲劳和心理疲劳有着密不可分的关系,两者相互影响,换句话说,运动性疲劳是心理疲劳和身体疲劳的总称。

### 2. 消除运动疲劳的措施

消除运动性疲劳常用的措施有物理手段(按摩、热疗等)、补充营养、心理恢复手段、积极性休息、睡眠等,这些方法都可以在短时间内有效地缓解因过度运动而带来的机体疲劳。

(1)按摩。人们在日常生活中常利用手、足、按摩器械等多种手法和工具,通过刺激体表的穴位,改善血液循环,加快人体新陈代谢,缓解疲劳,调节人体的生理功能,预防疾病的产生。

(2)合理补充营养。运动性疲劳最常见的原因就有人体能量的供应问题,关键是要能够在运动过程中供应合理的营养。一旦运动者出现运动疲劳的现象,应立即补充人体所需的糖分和维生素;特别是经常运动的人,一定要注意在日常生活中合理搭配饮食,保证人体充足的能量供给。合理的营养能增强体质,缓解运动疲劳,提高运动效率。

(3)心理恢复手段。疲劳包括身体疲劳和心理疲劳两种。千万不要小看了心理疲劳对身体疲劳的影响,在运动过程中,可以适当地采用心理手段对运动者进行积极的暗示和引导,让运动者在运动过程中获得相应的心理调节,让身体和心理得到放松。实践表明,科学、合理的心理治疗可以帮助运动者有效地缓解运动疲劳。

(4)积极性休息。如果长时间进行运动或体力劳动,大量的二氧化碳就会堆积在体内,使人们感觉到乏力、疲劳,人体机能就会下降。这时就要通过洗温水澡、按摩和物理疗法等一些积极的休息措施来进行改善,洗温水澡是最常用的且速度最快的消除疲劳的方式,按摩则可以加快血液循环,消除疲劳,恢复人体机能。

(5)睡眠。良好的睡眠就是最好的休息,生活中睡眠占据了相当一部分时间,好的睡眠不仅能增加生活原动力,还可以消除疲劳。科学的睡眠一定要具备以下几点。

①良好的睡眠环境。

②每天保持7~8小时的睡眠时间。

③最好要南北方向放床,枕头的高度在10厘米左右。

④科学的睡眠最好是仰卧或者向右侧卧,要避免趴着睡。

# 第三节　运动与大学生心理健康促进

## 一、大学生心理健康概述

大学生不管是生理还是心理都处在从青涩到成熟的变化期，属于人生发展的重要阶段，也是形成个性的关键时期；心理发展相对于生理发展稍微滞后，这个时期的大学生往往要面临择业、交友、人生选择的问题。所以，面对外界的压力和心理缺乏有效的调节和控制，使得大学生在心理上经常会有矛盾和冲突，严重的还会导致心理障碍和疾病的产生。因此，正确认识当代大学生的心理健康问题和探讨预防心理健康问题的措施具有重要的意义。

竞技体育的教育功能之一，就是通过榜样的作用激励千百万大众从事锻炼活动，从而提高全民族的健康水平。自20世纪60—70年代以来，这一领域已经引起了各国政府的高度重视。其中，运动心理学的研究不仅形成了新的领域——锻炼心理学，而且掀起了研究热潮，并取得了积极的研究成果。

广义地说，凡是体育运动都可以促进心理健康。但对"体育运动"一词的全面理解，应该包括竞技运动和社会体育。前者是指以突破个人身心极限、创造优异成绩为目的的训练和竞赛活动，后者是指以增进健康、促进个体全面发展、愉悦身心、丰富社会文化生活为目的的体育教育和全民性的体育活动。

根据美国学者邦尼宝妮·伯格等人的观点，短时间内竞技运动是没有办法促进心理健康的，因为竞赛本身就会给运动员带来巨大的心理压力，会使他们难以改善心境。休闲体育则不同，它不会给运动者本身带来压力，相反，由于是自由选择项目，可以自由地选择运动量的大小、运动时间的长短并带有一定的趣味性，有计划、有规律的身体运动或体育锻炼会给运动者带来巨大的心理健康效益。

## (一)心理健康的概念

心理健康的标准至少应包含三个维度,即认知维度、社会适应维度、人格维度。满足这三个维度的标准,可称为心理健康。心理健康其实是一种良好的生活状态。假如把人格中包含的很多习惯归于认知一类,那么就合并成了三种维度,就是情绪维度、认知维度和社会适应维度。

## (二)心理健康的判定标准

人们对心理健康的标准正如人们对身体健康的标准一样众说纷纭,各国学者也可谓仁者见仁,智者见智。并且各国学者从各自的角度出发,分别对心理健康提出了不同的判定标准。

### 1.马斯洛的十条标准

根据资料记载,最早提出心理健康标准的是美国著名学者马斯洛。

(1)生活理想切合实际。

(2)有足够的自我安全感。

(3)能充分地了解自己,并能对自己的能力做出适度的评价。

(4)能保持人格的完整与和谐。

(5)不脱离周围现实环境。

(6)能保持良好的人际关系。

(7)能适当地发泄情绪和控制情绪。

(8)善于从经验中学习。

(9)在符合集体要求的前提下,能有限度地发挥个性。

(10)在不违背社会规范的前提下,能恰当地满足个人的基本要求。

### 2.张春兴的五条标准

我国学者张春兴认为,满足以下条件,才算得上是一个心理健康的人。

(1)对于自己有适当的了解,并且有自我悦纳的态度。

(2)情绪较稳定,无长期焦虑,少心理冲突。

(3)能与他人建立和谐的关系,而且乐于和他人交往。

(4)乐于工作,能在工作中表现自己的能力。

(5)对于生活的环境有适切的认识,能切实有效地面对问题、解决问题,不逃避问题。

### 3.刘协和的五条标准

我国学者刘协和给心理健康下的定义有五条标准。

(1)智力发育正常。

(2)心理没有异常。

(3)人格健全。

(4)精力充沛。

(5)情感生活丰富等。

### 4.季浏的四条标准

我国学者季浏则认为,符合下列四条标准即为心理健康。

(1)智力发育正常。

(2)对自己有正确的认知和评价。

(3)能正确良好地处理人际关系。

(4)良好的情绪控制能力。

尽管国内外各学者对于心理健康标准的看法各不相同,综合来讲,心理健康的判定标准无非就是要有积极稳定的情绪,发育正常的智力,良好的沟通和协调的人际关系,以及健全的人格和正确的自我认知。俗话说"人贵有自知之明",讲的就是正确的自我认知,认知在结构类别上属于人格,所以说,心理健康的重要判定标准应该是自我意识。

### (三)大学生的心理特征

大学时期正是人从青春期到成熟期的发展过渡时期,虽然曲折,却是一生之中最为精彩、灿烂的一段时期。这个时期的大学生面临着人生中最为重要的学习、就业、择偶和创业等一系列重大问题。大学生需要具备应对这些问题的心理素质,从这个时期开始要学习锻炼成为一个有责任心、有信心的真正意义上的社会人。

### 1. 智力水平达到顶峰

大学生们不存在智力发育不完全的问题,更不会存在智力低下的问题,青年时期的大学生们感官系统发育完善,知觉、记忆、识别和智力项目会随着生理系统的日益完善而达到顶峰状态。青春期的大学生,喜欢新鲜事物,接受能力强,思维敏捷,因为在学校经过专业、系统的培训学习,逻辑思维和分析事物的能力都得到了良好的发展;但不可否认的是,青春期的大学生社会阅历尚浅,很容易受到不正确的思想影响,在看待问题时会有很重的主观色彩,在心理建设方面还需要进行调适。

### 2. 自我意识的发展

自我意识指的是人对自身以及自身和周围关系的认知,自我认知要经历童年和青少年两个阶段,在青少年阶段的发展速度更快。青少年时期的主要特点就是自我意识的发展,这个阶段他们开始把注意力集中到自我发展和自我关心上来。青春期的大学生对自我的认知还处在一个自我摸索和自我修正的阶段,更应该客观、公正地看待问题,不卑不亢、戒骄戒躁地度过这一发展期。

### 3. 情感丰富,情绪强烈而欠缺稳定

大学的自我情感体验丰富多彩,他们自尊、自信、个性张扬,交往范围在日益扩大,和社会、朋友、同学的交往日益频繁。大学生社会活动范围的扩大,会使其自我意识不断增强,情绪的表达更为细腻、复杂,他们更加强调自我和社会的融合。在兼顾国家和集体利益的同时也注重自我的发展。

### 4. 性意识的发展

青春期的生理发育和成熟给大学生带来了性意识的觉醒,让他们在对待性问题时产生了好奇与探知欲,同时会对异性产生爱慕之

情,处于面临恋爱择偶的特殊时期,此时,正是大学生容易出现恋爱问题以及性问题的特殊时期。但是由于性知识的不足和缺乏两性之间交往的技巧与经验,如遇失恋、单恋的问题往往缺乏处理经验,会导致束手无策或者用不正确的方法错误地解决问题。这就要求大学生在与异性交往的期间,要掌握正确的性知识和保持正确的态度,正视两性问题,建立正常的两性关系。大学期间,大学生与异性友好的交往是解决大学生两性问题的最好途径。

5.社会化需求

大学阶段是大学生重要的社会化过渡阶段,虽然社会生活和校园生活有巨大的差别,但大学生们丝毫不会因为这个影响自己投入社会活动的热情。他们渴望成功,充满理想与斗志,乐于参与社会活动,更愿意以成人的姿态去挑战社会新生活。但是由于社会经验不足,思想完美化,很容易在社会活动中遭受挫败感,出现理想与现实之间的矛盾。此时的大学生应该多方面接触社会,拓宽自己的视野,提高自己的操作能力。

## 二、影响大学生参加运动的心理因素

从心理学角度分析,影响人们参加体育锻炼的因素众多,首先是制订可行的锻炼计划和形成积极的锻炼动机,其次就是一定要选择有益于心理健康的锻炼项目并且长期坚持运动。

### (一)参加体育运动的动机

虽然,体育锻炼对人体有着积极的心理、生理促进作用,并且这已经众所周知,但是还是有相当一部分人进行体育锻炼十分被动。因此,引导人们树立积极参与体育锻炼的内在动机尤为重要。

所谓"动机",它的含义是:能够维持并且引导人活动并能把活动引导向预定目标的一种理念,用来满足人体急需的愿望和理想。由此可见,动机是人体内在的一个过程,身体锻炼的效果则是这个动机内在过程引导的结果。

## (二)不参加体育运动的"理由"

除了健康状况不允许之外,任何人都没有充足的理由不参加体育运动。而有些人常常会找出各种各样的"理由"拒绝参加体育运动。加拿大健康与生活方式研究所的一份报告中指出,不活动的人使用得最多的理由是"没时间""没精力""没动机"。该所某份调查资料,如表 5-1 所示。

表 5-1 身体锻炼的障碍分析

| 障碍 | 人数百分比 | 障碍类型 |
| --- | --- | --- |
| 主要障碍 | | |
| 没时间 | 69% | 个人 |
| 没精力 | 59% | 个人 |
| 没动力 | 52% | 个人 |
| 中度障碍 | | |
| 花钱太多 | 37% | 个人 |
| 疾病或受伤 | 36% | 个人 |
| 附近没有活动设施 | 30% | 环境 |
| 感到不舒服 | 29% | 个人 |
| 没有技术 | 29% | 个人 |
| 害怕受伤 | 26% | 个人 |
| 次要障碍 | | |
| 没有安全的地点 | 24% | 环境 |
| 孩子缺乏照顾 | 23% | 环境 |
| 缺少一个同伴 | 21% | 环境 |
| 锻炼项目不多 | 19% | 环境 |
| 缺乏支持 | 18% | 环境 |
| 缺少交通工具 | 17% | 环境 |

仔细研究上述锻炼障碍,可以考虑:

(1)所列障碍在一定程度上呈现出了不参与运动的锻炼者的价值取向;

(2)所罗列的众多障碍,大多是不参与运动锻炼者的主观感觉,并没有科学依据。

所以,组织体育活动者一定要认真分析有碍于人们参加运动锻炼的真正原因,积极宣传参与体育运动对于身心健康的重要意义,正确地帮助运动者纠正主观上对运动认识的偏差,提高人们对运动锻炼的价值意义的认识,从而更好地鼓励人们积极参加体育锻炼。

**(三)退出体育运动的原因**

调查数据表明,人们在参加锻炼一段时间后,会有部分人出于各种原因中途退出,数据显示退出锻炼的原因主要有三种:第一,有部分人认为运动锻炼占用了太多工作和生活时间;第二,在健身中心的运动在时间和金钱上的花费偏高;第三,由于家庭成员生病,失去了锻炼的乐趣。

需要注意的是,在运动锻炼过程中,未实现预期目标的人更容易半途而废,以半年为期限,未达到目标者有92%的人退出了锻炼,而实现预定目标者有60%的人会继续锻炼。这些数据说明,在运动初期为锻炼者设置正确的、合理的锻炼目标,对于降低锻炼者的锻炼退出率具有极为重要的意义。

**(四)大学生常见的心理问题**

1. 人际交往

我们在幼儿时期就会通过表情和外界沟通。例如,用微笑来代表心情愉悦,用哭泣来表示反抗的情绪;再后来,和小伙伴们一块儿游戏,和同学们一块儿学习;踏入社会后和同事、上下级、亲朋好友以及陌生人接触。所以说我们从出生起就没有间断过和外界打交道。心理学家也曾指出,每一个人都有爱与被爱的需求,通过人和人之间的相互交往,我们不但可以获得情感的交流,也会从彼此的身上得到很大的信息帮助,这对于我们融入社会以及提高个人综合素质都会有很大的帮助。

(1)导致大学生人际交往障碍的成因。

①家庭的影响。目前的大学生大多数是独生的一代,家长为了避免孩子受到伤害,给予孩子过多的保护,更有甚者大量减少或者剥夺孩子的人际交往,凡事都是家长代为处理、只注重孩子的学习成绩,孩子和外界沟通锻炼的机会少之又少,造成孩子人际交往能力的提高大大受限。

②情绪障碍。大学生由于处在不太成熟的年龄阶段,社会经验不足,处理事情缺乏稳定性,判断事情仅凭个人喜好,显得有些情绪化。

③认知的误区。由于大学生的知识面相对较窄、社会阅历尚浅,对待事物的看法不能十分全面,但是往往年轻气盛又有强烈的自我意识,更多地想用自己的习惯去判断和认知社会。这些偏离现实的完美理想化的想法定然会导致出现人际交往上的偏见,容易造成大学生对现实人际关系状况的不满,从而产生人际交往障碍。

④个性障碍。个性通常是指人们在各种心理过程中展现出来的心理特点,包括一个人的性格、气质等。青少年在性格养成中培养自己独立性强、乐观、聪明、坦诚以及热衷奉献等,对未来的工作生活都有极大的帮助,反之,在人际交往中则不太受欢迎。

(2)人际交往困难的具体表现。

①自卑。通常自卑心理来源于不恰当的自我评价和不断地自我否定、自我封闭的状态。在主观判断上总是认为自己不如别人,不断地自我否定,不断地加深自我封闭性。

②孤独。孤独会给人体健康带来很大的危害,人一旦感觉孤独,就会产生不良的情绪,如抑郁、烦躁、沮丧等,还容易产生孤芳自赏的心态,总是认为别人不够通情达理,达不到自己的水准,不能理解自

己,导致很难融入人群,更不容易融入社会。

③嫉妒。嫉妒这种情绪掌控好的话,可以通过和别人的对比明白自己的不足,转化成一种积极向上的动力,但是如果掌控不好,产生嫉恨的心理,就不容乐观了,这可能会演变为偏激、暴怒和过激。

④社交恐惧。有社交恐惧症的学生,在人群中会感到焦虑不安,不喜欢待在人群中,害怕见人,和人交谈时语无伦次、手足无措,这种情况不仅会给人际交往带来很大的问题,也会给学习带来很多的困难。

(3)如何培养人际交往的技巧。

①学会倾听。人际交往沟通时,不只要能简练、准确地表达自己的想法,更重要的还要学会聆听。一个真诚的听众不仅能让对方心情愉悦,自己也会乐在其中。做一个合格的听众,是一种友好的体现,也是一种修养。

②自我表达。在社交生活中,能够在合适的机会中恰到好处地把自己的优点展现出来,可以加深别人对自己的好感,并把自己的内心所需成功地传达给别人,建立相互信任和亲密的关系。

③学会赞扬和批评。双方在交谈时,要充分利用赞扬和批评的技巧,避免一切正面冲突,用婉转、轻松的方式,在充分尊重对方自尊心的前提下进行沟通。

④培养良好的性格基础。良好的性格可以形成独特的自身魅力,首先应以真诚、认真的态度对待周围的人和事,这是建立相互信任的第一步。

2. 学习问题

对大学生来说,学习处于主导地位,只有增强自学能力、培养自己独立学习和独立研究的能力、把理论和实践科学有效地结合,才能更好地学以致用。但是在刚走进校园的时候,部分大学生因学习动力不足,容易受周围环境影响,导致学习效率偏低;学习方法不正确的学生,往往要付出大量的时间和精力,但是效果并不太理想。针对这种情况,学生应该积极改善目前的学习方法和手段,结合自身的特点,采取合适的方法,提高学习效率。

大学生在校学习的过程中,经常会因为要面对考试而精神紧张,同时伴有失眠、注意力不集中等现象,使考试及复习往往达不到应有的效果,严重的学生还会有逃避考试的行为。为了避免这一现象的出现,大学生应该对自己有正确的认知,做合适的期许来缓解考试前的焦虑。

### 3. 就业问题

大学生在完成学业之际,意味着也立刻踏上了人生的另一个重要时刻——择业。目前严峻的就业形势、专业结构不合理以及人才供求双方的差异等问题,使得大学生苦恼和彷徨。但是作为受过高等教育、朝气蓬勃的年轻人,首先要有正视和解决问题的勇气,然后再根据实际情况制定出切实、合理的求职方法。

### 4. 恋爱与性的问题

爱情一直是人类永恒不变的话题,现在社会已经认可大学生的恋爱观,在校大学生结婚也已经被国家法制部门允许。大学生刚从紧张、繁重的高考压力中解脱出来,正面临着性生理的成熟阶段,这时尝试和异性交往、与异性和睦相处也是大学生面临的一个问题,因此,大学生要学会正确地处理现阶段的爱情问题,为将来的婚姻家庭生活做准备。

### 5. 网络问题

互联网最初是美国军方发明的,当时只限军事机构和少数的科研人员使用,对外开放后,短短时间互联网给人类带来了翻天覆地的变化,人们在工作、生活中都获得了极大的便利。然而事物本来就是具有两面性的,互联网在带给人们便利的同时,也有不好的一面,互联网在给大学生带来更丰富、广阔的知识面的同时,也带来了一些负面影响。部分学生会沉迷于网络世界不能自拔,游戏、聊天占用了部分大学生的多数时间,在大学中常有挂科、留级和劝退的现象出现。

## 三、运动健身的心理学理论

### (一)运动健身的心理学理论

体育健身的心理学理论主要有两类:一类是解释体育运动能促进心理健康的原因的理论;另一类是解释人的锻炼行为的影响因素的理论。前者回答的是体育健身行为的意义问题,后者回答参加体育健身活动的原因和锻炼行为的预测问题。

#### 1. 体育运动促进心理健康的原因

为了能够从理论上更好地解释锻炼身体时对心理效益促进的机制,美国学者考克斯在前人研究的基础上总结出六项基本假说。

(1)内啡肽假说指出,身体在进行运动时会促进大脑分泌一种消除疼痛并让身体有欣快感的化学物质内啡肽(具有吗啡作用),内啡肽所引起的身体的这种欣快感可以有效降低焦虑、抑郁以及其他消极情绪,由于研究证据不足,虽然这是一个很有吸引力的假说,但是目前还没有人体试验可以明确支持这一假说。

(2)转移注意力假说指出,在身体进行运动锻炼时给人们提供了一个能够转移对自己消极情绪的注意力的机会,从而使像焦虑、抑郁、挫败感等情绪在短时间内出现下降的现象。

(3)心血管健康假说指出,锻炼身体可以提高心血管系统的机能,增强心血管的渗透性和收缩性,同时由于进行运动锻炼时心情状态良好,还可以有效改善心血管的健康状况。良好的血液循环可以保持体温的恒定,还可以保证神经纤维传导的正常性,从而促进心理健康。

(4)社会交往假说指出,人们在进行运动锻炼时与人进行的社会交往是轻松愉快的,因此,锻炼有利于心理健康的促进。

(5)认知行为假说指出,人们在进行运动锻炼时可以获得愉悦的心情和积极的思维,而这些快乐的、具有正能量的心情和思维对于焦虑、抑郁等一些负面消极的情绪有治愈、抵抗的作用。

(6)胺假说在理论上指出,锻炼身体能够刺激神经递质的分泌,而神经递质类化学物质分泌量的多少和心理健康的程度也有很大的关联,所以,运动锻炼可以有效地促进心理健康。

## 2. 锻炼行为理论

人为什么要参加体育运动?锻炼行为理论有助于深入理解锻炼行为。目前这一领域的主要理论模型是:健康信念理论(Health Belief Model,HBM)、计划行为理论(Theory of Planned Behavior,TPB)、转换理论模型(Transtheoretical Model,TTM)、社会认知理论(Social Cognitive Theory,SCT)。

(1)健康信念理论。HBM假设指出,人是否会产生预防性的健康行为(如参加体育运动),取决于其对自身潜在疾病的严重性的知觉,及其对采取行动的代价与所获利益的评估。一个人如果知道自己潜在的疾病十分严重,并且自己处在危险之中,且经自我评估赞成意见胜过反对意见的时候,他就可能会采取健身行为。

健康信念理论的问题与现实情况会有一定的出入,现实中大部分人参与运动锻炼或者健身活动,并不是专门为了减轻身体上的病痛,但是它还是能够在一定程度上解释人们不参加运动锻炼和健身活动的原因。

(2)计划行为理论。TPB假设指出,人的行为取决于行为意向;行为意向是由个人对行为的态度、主观标准和所体验到的主观控制感共同决定的;主观控制感不仅决定行为意向,而且对行为的产生也有一定的预测作用。

计划行为理论考虑到锻炼身体是自愿行为,因此特别注重态度的动机作用,并且将客观环境的作用体现在主观标准和主观控制感这两个因素之中。外因通过内因起作用,想要激发身体进行运动锻炼的动机,首先要端正自身对锻炼的态度,其次还要建立起必要的社会支持系统。

（3）转换理论模型。前面的两个理论回答了人为何锻炼以及为何不锻炼的问题,而 TTM 理论模型所关注的是人从"静止"到活动,再到保持活动的动态变化过程。TTM 理论模型将人的整个锻炼过程分为循环变化的五个阶段。

第一阶段是前意向阶段。该阶段,个体不打算在 6 个月之内开始锻炼,称作"我将不会……"或"我不可能……"阶段。

第二阶段是意向阶段。该阶段,个体打算在 6 个月内开始锻炼,称作"我可能……"阶段。

第三阶段是准备阶段。该阶段,个体产生了直接参与有规律的锻炼的意向(在随后的 30 天内)和承诺变化行为(有时伴随着小的行为变化。例如,在健身中心报名、买一双跑鞋,甚至无规律地参加体育活动),称作"我将……"阶段。

第四阶段是行动阶段。该阶段,个体参加有规律的身体锻炼(每周 3 次以上,每次至少 20 分钟),但尚未坚持 6 个月。这一阶段是最不稳定的阶段,存在着退出锻炼的"危险性",同时也可能是最"忙碌"的阶段,因为他可能正在尝试各种能改变过去行为习惯的方法。

第五阶段是保持阶段。该阶段,个体已经坚持有规律的锻炼活动达 6 个月,称作"我已经……"阶段。如能保持 5 年,则很有可能成为终身锻炼者。

转换理论指出,人体所处的锻炼阶段是一步步动态演变的过程,人体在不同的阶段应采用不同的行为转变策略,促使身体向行动和保持的阶段转换。

因此,想要更好地激发更多的人参与运动锻炼,要求组织锻炼者能准确地判断好锻炼者所处的阶段,采取合适的锻炼措施,帮助锻炼者顺利实现预期的锻炼目标;反之,就会造成部分锻炼者退出锻炼。

（4）社会认知理论。SCT 理论可能是迄今为止最为复杂的锻炼行为理论,是班图拉提出的。该理论的核心内容如下。

①行为是由三种因素组成的,即个人因素、行为因素和环境因素。三种因素相互作用,相互影响,互为决定因素。

②个人因素中又包含三种成分,即生理、情绪和认知。

③在个人因素的认知成分中,能够决定人的行为、帮助人们实现目标的重要内容就是自我的效能感,单就锻炼身体而言,自我效能感高的人,更容易实现自己的目标。

### (二)运动的心理调节

运动不仅对身体健康有良好的促进作用,而且可以有效地提高人们的心理健康和促进人们尽快适应社会,并且能从多方面提高人们的生活质量和增强人们的社会满足感。

#### 1.产生良好心理效应的因素

从运动中获得的良好心理效应的因素比较多,主要因素有以下四种。

(1)喜爱并能够在运动中获得乐趣是人们在运动时产生良好心理效应的重要因素;反之,如果对运动没有兴趣,在运动中就不会有满足感产生,也不会有很好的情绪体验。

(2)运动应以有氧活动为主。在众多的运动项目中,慢跑、散步、骑自行车、游泳、跳绳、保健操等都属于有氧运动,在进行对抗性运动项目时,一定要掌握好运动的强度和运动量的大小。对于在校大学生来讲,体操和各种球类运动都是不错的选择。

(3)运动负荷应以中等强度为宜。在运动锻炼的过程中,有研究表明,每次运动锻炼的时间最好不要低于20分钟,心率控制在最大心率的60%~80%,每周要坚持运动3次以上,这样才能为身心健康提供最大的保障。

(4)持之以恒地进行体育锻炼。运动锻炼对于心理健康的积极效应,只有在长时间进行规律锻炼的基础上才能展现出来;随着运动总时间的不断累积,运动所产生的良好心理效应就会不断得到增强。

## 2. 运动与应激

应激是指人体对应激源做出的本能反应。它是一种由多种因素相互作用、相互影响的过程，包括应激源、个体对应激源的评价以及个体的典型反应等因素。

应激源是指引起应激反应的刺激因素，引起应激反应的刺激因素有生理的、心理的、社会的和环境的因素。生理应激源有热、冷、病、饥饿、睡眠不足等；心理的和社会的应激源有家庭的期望、失去朋友、同其他重要人物发生矛盾、孤独、隔离、失业、失学、司法纠纷、抑郁、焦虑、恐惧等；环境应激源有噪声、污染、洪水、恶劣的气候、人口膨胀等。在日常生活中，这些应激源我们都有可能会遇到。对大学生来说，应激源可能是测验与考试，或是不喜欢某门课程、不喜欢某位教师、不喜欢与某些同学交往等。

在运动中经常产生的应激，主要是情绪波动、沮丧、过度紧张、心理压抑和焦虑。情绪变化通常是正常的和必要的，从一定程度上来讲，情绪波动贯穿于整个生命过程，但情绪波动过大，会给身体健康和体育锻炼带来消极的影响。沮丧是指在某一目标受阻时，心理产生的一种消极的情绪反应；过度紧张是由于负担过重，使有机体神经处于不正常的工作状态；心理压抑反应（刺激过度）是由单调、寂寞的生活和工作而引发的消极情绪；焦虑是情绪波动的一种表现，是导致更深刻情绪波动的一个根源，常常是由想到一些自己害怕的事情而产生。

针对有规律的锻炼能减少或能有效控制应激的这个问题，有很多理论试图对其进行解释。有的理论认为，运动锻炼属于娱乐类活动，运动可以帮助人们把头脑从紧张、沉重的思维中短暂地解放出来；还有的理论认为，人们在进行运动锻炼时会引发大脑释放一种自然合成的化学反应因素——内啡肽，这种内啡肽因素在发挥作用时，能够有效阻碍大脑中和应激有关的化学物质发挥作用。

在进行身体素质锻炼的过程中，如果一个人处于严重的情绪波动状态下,会降低身体对外界各种影响的抵抗力,从而影响其坚持进行体育锻炼的意志和决心。在此情况下,人们既不可能从事有效的锻炼,也不可能获得有效的休息。总之,要想使运动达到良好的效果,就必须排除会引起情绪波动的因素。

### 3. 自生放松训练

奥地利精神病学家舒尔兹提出的自生放松训练方法是目前被普遍采用的一种放松技术。

自生放松练习一定要在老师的指导语或者自我指导语的暗示下缓缓进行,首先,想象自己的四肢是温暖的、沉重的,当大脑想象这些状况时,人体能够在这些位置增加血量,放松反应会突然发生,当身体得到放松后,接着开始想象一些镇静的情景,如在夏日平静的湖面上泛舟、在绿柳成荫的公园里散步等,来使头脑放松。

自生放松训练的可贵之处在于每个人都可以通过自学掌握其基本动作,它对治疗失眠、消除疲劳有显著的功效,还能帮助他人控制自己的情绪。

要想掌握自生放松技术,必须发展自我调节的能力,即要学会以下三点。

(1)控制骨骼肌的紧张度。按照自己的愿望使之放松,当有必要时能集中它的力量。

(2)按照自己的意愿形成所需要的情绪状态。通过放松肌肉来降低兴奋性,自己默念词句可使身心达到安静状态。不是由意志下达命令直接影响植物性神经系统的机能,而是间接地、通过复现记忆中过去的体验和感觉来实现的。

(3)控制注意力。把注意力集中到所需要的方面,需要放松和入睡的时候能将它从注意对象上转移开。

那么,人体有哪些组织系统参加了上述过程呢?首先是第二信号系统(思想、语词),然后是肌肉组织和呼吸系统。在反射性联系的基础上这种结合会逐渐固定下来,要不了多久就能形成习惯。只要一想到放松时的感觉,肌肉马上就能放松,呼吸也会更有节奏。

放松的方法有很多种,但各种放松方法的共同点是:练习者都必须要高度注意来自他人或者自我的暗示语,同时做深沉的腹式呼吸,从而完全放松全身的肌肉。

由于大脑和骨骼肌具有双向联系,在心理紧张时,骨骼肌会跟随大脑不由自主地紧张;反之,在心理放松时骨骼肌也会自然地放松。因此,通过心理放松,可以使肌肉得到完全放松,从而降低心理的紧张度。

人们在进行放松训练时经常使用的暗示语有:"我感觉很放松""我的双臂和双手感觉是温暖的""我的头脑是安静的,我感觉不到周围的一切"等。

### 4.超觉静思

"超觉静思"也称闭目而思。

自古以来,超觉静思具有很好地降低应激水平的效果,是很多杰出人士常用的一种放松方式。他们调整好呼吸,端正姿势、内视自己、闭目养神,把意志集中在一点上,进入万念皆空的境界。整个完整的静思一共需要3分钟的时间,分三个阶段进行。

(1)静坐。在安静的空间内像和尚打坐那样盘腿、端庄、稳定地坐好。

(2)调息。坐好之后,开始"调息",即调整呼吸。

我们的内脏器官都是在自主神经系统的支配下活动的。即使我们在睡着的时候,它们仍然在工作,意志是无法控制它们的。但例外的是呼吸运动,唯独呼吸具有不可思议的两重性,它既可以在我们无意识的时候进行,同时又可以根据我们的意志或快或慢地进行。这是由于呼吸在接受自主性神经系统支配的同时,也在接受大脑中枢神经系统的控制,它具有可接受两重支配的特殊性。这一点也正是通过"调息"能够使精神集中的重要原因。

人在高兴时,会呼吸急促;悲伤时,会不由自主地叹气。在体育比赛或考试之前,有人经常会感到心慌烦乱、呼吸加快,有时甚至于休克而呼吸暂停；然而心理素质好的人，在同样的情况下，却能够心平气和，不发生上述现象。所以，呼吸与精神之间有着密切的联系。而且，人的意志对呼吸的控制能够达到一定的程度。"调息"可以使人的身心稳定和谐，大脑机能充分发挥生理机能。

静坐是"调息"的准备，静坐好之后便可开始"调息"，其做法如下：

①首先采取腹式呼吸法。做法：全身放松，端坐，慢慢地鼓起肚子，同时吸气，再慢慢地收缩腹部，同时吐气。重复练习几次，逐渐减少呼吸的次数，由最初的1分钟十几次减少到每分钟七八次，最后达到每分钟五六次。

②保持内心安静，冥想。做法：全身放松，端坐，双目自然微合，调整呼吸。注意，如果紧闭双目，太过用力，反而会导致内心杂念横生；睁开双目，则会受外界干扰，不得宁静。

③默念关键词。集中精神，在心中反复默念关键词，把要解决的问题深深地刻入清晰如镜的头脑中。持续3分钟左右，再轻轻睁开双眼，结束超觉静思状态。

关键词的选择方法：应该尽量选择包含着自己愿望并能使自己产生信心的词句。例如，"做则成，弃则废""干则成，必成，快干""信念可穿石"。

5.表象训练

表象训练又称念动训练、想象训练、心理演练等，它是指有意识地、积极地利用所有感觉，在脑中对过去经历过的事进行重现或者再创造的过程。使用这种技术能够降低个体的应激水平。其具体方法有如下几点。

（1）表象转移。实施这一方法，主要是把个人从失败或应激的情景表象中转化到积极向上的情景表象中。具体实施此方法时，应该采用"思维暂时终止法"，即当我们头脑中产生焦虑的情绪时，应该自己及时地终止目前的思绪，转而开展愉快的想象情景。

(2) 回想成功情景或者经历。当一个人体验到焦虑时，他可以想象以前成功的经历和结果。克拉堤曾报道过一个研究：一位体操运动员对在异国体操馆比赛感到紧张，因此他立即回想自己在本国体操馆比赛时受到观众热情支持的情景，之后发现这个运动员有效地减轻了自己已经体验到的焦虑情绪。

(3) 技能的表象训练有助于降低应激反应，尤其是个体在体育考试之前进行技能表象训练，可使自己对成绩的担忧转移到对该活动的注意上。例如，在投篮考试前，首先，可以想象自己正在一个无人的体育馆内投篮；然后想象自己在有同伴的情况下投篮；其次，想象在所有同学注视自己的情况下投篮；最后，可以想象在同学对自己发出伤害性语言的情况下投篮。

## 第四节　大学生运动健康促进运动处方

### 一、运动处方概述

随着社会的不断发展，人们对健康越来越重视，健康、科学、合理的运动已经是人们迫不及待的需求。不管是日常生活中的强身健体还是疾病后的康复过程，运动处方都能给人们提供全面、科学、合理的指导方式，所以在现代社会中，运动处方有着广阔的发展前景。

运动处方最早是受医院医疗处方的启发，并在体育运动的实践中得到广泛应用和发展。因此，在研究分析运动处方之前，先简单介绍一下用于给患者治病的医疗处方的基本知识。

**（一）医疗处方的概念**

《处方管理办法》第二条规定："处方是指由注册的执业医师和执业助理医师（以下简称医师）在诊疗活动中为患者开具的、由取得药学专业技术职务任职资格的药学专业技术人员（以下简称药师）审核、调配、核对，并作为患者用药凭证的医疗文书。处方包括医疗机构病区用药医嘱单。"

通过《处方管理办法》规定我们可以得知,开具医疗处方要经过极其严格的程序和要求,必须由具备资质的医师和药师共同开具,有明确的针对性、较高的权威性和法规约束力,且医疗处方只是当日有效,药物用量最长不超过7日,一般用药量为3日。医疗处方科学化地为运动处方的诞生提供了实际的操作经验和科学的理论依据。

### (二)运动处方的概念

美国生理学家卡波维奇在20世纪50年代提出了运动处方的概念;日本生理学家猪饲道夫教授初次运用了运动处方术语;后国际上承认了运动处方的地位;德国的Holl-mann开始对运动处方的实践和理论进行大量的研究,制定出针对运动员、健康人、中老年人、肥胖病等不同人群的各类运动处方,并取得了显著的效果。

### (三)运动处方与医疗处方的区别与联系

运动处方是受医疗处方的启发而发展起来的体育锻炼方法,无论是从形式上还是从内容上,都有着非常相似的地方,但也存在诸多差别,而且有些差别是非常重要的。因此,比较和分析其主要差别,对于发展运动处方的理论和实践具有重要意义。运动处方与医疗处方的区别与联系,见表5-2。

表5-2 运动处方与医疗处方比较

| 比较的内容 | 运动处方 | 医疗处方 |
| --- | --- | --- |
| 处方结构特征 | 一致 | 一致 |
| 目的 | 以增进健康、预防疾病为主 | 治疗疾病 |
| 目标对象 | 个体或类似群体 | 个体 |
| 制定主体 | 体育教师、体育保健工作者等 | 医师和药师共同完成 |
| 处方的使用周期 | 可长、可短,一般几周至几月 | 3~7天 |
| 处方的实效性 | 无严格要求 | 当日有效 |

续表

| 比较的内容 | 运动处方 | 医疗处方 |
|---|---|---|
| 处方的稳定性 | 经常会调整 | 一般不变 |
| 权威性 | 一般 | 较高 |
| 法规约束力 | 无 | 有 |

关于练习的目的，不同的人群有着不同的要求，有的是为了控制体重，有的则是为了提高身体素质，有的可能是为了治疗某些慢性疾病。随着运动处方理论与实践的发展，目标对象可以是个体，也可以是类似群体。

## 二、运动处方的基本组成内容

### （一）练习的目的

不同的目标群体或个体，其目的不同。归纳起来，练习的目的一般有增强体质、保健康复、减肥塑形、休闲娱乐、预防疾病以及从多方面提高运动素质与健康水平等。

### （二）练习的内容

练习的内容是运动处方所运用的练习手段与方法的总称。关于练习和运动种类的划分非常复杂，根据不同的分类标准得到的分类体系也不同。从运动的结构上看，可以将运动分为周期性运动和非周期性运动两大类；从运动竞技取胜的决定因素来看，又可分为体能类和技能类两大类；根据练习做功的方式，可分为动力性练习和静力性练习两大类，等等。制定运动处方主要注重的不是练习或运动的形式，而是其对身体的效果。因此，根据练习或运动的生理学基础——供给氧气的方式和特点，可将练习划分为以有氧供能为主的练习、以无氧供能为主的练习及以混合供能为主的练习三种类型。

需要补充的是，以上分类是相对于一般情况而言的，究竟是有氧还是无氧，主要取决于练习时所选取的强度，而不是练习的方式。如

100米跑练习,如果采取慢跑的练习强度,就是以有氧供能为主的练习;反过来,如果采取全速跑,它就变成了以无氧供能为主的练习了。

另外,同样的练习负荷,由于个体之间的体力、身体素质及健康状况等诸多方面的差异,也会存在着有氧与无氧的差别。因此,在研究设计运动处方时,要针对具体情况,选择合理、有效的练习类型,保证达到练习的目的。

### (三)练习的负荷

练习的负荷包括负荷的强度和负荷的量度。负荷的强度是指练习对机体产生生理、心理刺激的剧烈程度;负荷的量度是指练习对机体刺激的数量要求。

如100米跑练习所用的时间是15秒,100米是练习的负荷量度,15秒是练习的负荷强度;举重100千克,连续做8次推举,100千克是练习的负荷强度,8次是练习的负荷量度。

运动强度是运动负荷的重要方面,是运动处方的重要内容,因此,制定运动处方要重视对运动强度的设计。

运动处方的练习强度指标一般采用常见的运动生理学指标来表达。例如,摄氧量,以最大摄氧量的百分数表示;无氧阈值;心率;代谢当量,表示运动时的代谢率与静息代谢率的倍数关系,也称梅脱(1梅脱指1千克体重从事1分钟活动消耗3.5毫升氧的活动强度)。

### (四)练习持续的时间

练习持续的时间是指一次练习所需要的时间长度。一次练习的时间包括每组实际运动的时间和组间休息的时间,即从练习开始到练习结束的全部时间。时间长度的设计应当根据处方对象的具体情况来定,并非越长越好;练习持续的时间与练习的强度成反比。

### (五)练习的频度

练习的频度是指重复练习的次数。一般以周为基本单位,可表示为一周练习多少次(次/周),如一周练习3次(一、三、五练习),隔日休息(二、四、六休息),周日调整。

练习的频度取决于练习的强度和练习持续的时间,它是运动负荷量度的重要指标,合理选择练习的频度有利于提高练习的效果。

### (六)练习的进度

练习的进度是指运动处方执行推进的节奏。运动处方制定后,在实施的过程中,应根据实际情况,合理调节运动的强度、持续的时间、练习的频度甚至练习的方式等。练习的进度一般可分为三个阶段。

(1)开始阶段。该阶段的主要任务是初步适应练习,一般练习强度较低。

(2)发展阶段。在第一阶段的基础上,该阶段的主要任务是要稳步发展负荷的强度或负荷的量度。

(3)保持阶段。该阶段主要是保持负荷的持续刺激,持续产生积极的效果,但要加强医务监督,预防意外的发生。

### (七)练习注意事项

练习注意事项是运动处方设计中不可缺少的部分,它包括对运动处方中主要要素的补充说明,在实施的实际过程中,对可能出现的情况提出的建议、解决办法,以及其他应当注意的问题,如饮食、休息等。

## 三、运动处方的特点

### (一)运动处方的特点

运动处方是大学生科学、正确地参加运动锻炼的指导性文件,大学生在运动锻炼中按照运动处方进行锻炼可以少走运动的弯路,能有效提高运动的效率。综合来讲,运动处方具有五大优势。

#### 1. 科学性

在制定运动处方的过程中,要严格遵循运动医学、临床医学和运动科学的知识原理,既要保证运动处方的可操作性和实效性,还要使运动处方具有权威的科学性。实践证明,按照运动处方进行锻炼的大学生,在提高自身身体素质、预防疾病和增强社会适应性方面,都有很好的效果。

2. 目的性

大学体育发展到目前阶段,可供高校大学生选择的运动项目相当多,但是无论选择哪种项目进行锻炼,相应的运动处方都会有明确的运动目标。例如,以促进健康为目标的运动处方,主要都是以强身健体和娱乐运动为主的项目。

3. 针对性

运动处方虽然选择范围较广,但不是随意制定的。在运动处方的制定过程中,首先要确定其针对性,根据运动者的体能水平、健康状况和兴趣爱好等一系列实际情况进行制定。只有同时具备针对性和个性化的运动处方,才能使运动者在锻炼时良好地适应和发挥运动促进健康的作用。

4. 计划性

运动处方在制定的过程中由于是参照运动目标制定的,对运动目的有很强的计划性。大学生在选择项目进行运动锻炼时,应参照运动处方来平衡身体运动负荷量和运动强度,让锻炼方法更加得当,提高运动效果的显现率,提升运动者的兴趣,培养终身运动的良好习惯。

5. 安全、有效性

为了保证运动效果更加显著,大学生在进行运动锻炼前首先要参考实用性和针对性都较强的运动处方进行锻炼。在参与运动锻炼后,为了避免运动损伤的出现,还要及时地对自身的运动负荷量和运动效果进行分析和评价。

(二)运动处方的功能

运动处方主要是根据运动者的健康状况和体能水平,为健身者提供身体活动的指导性条款,它以处方的形式确定运动者活动的时间、频率强度以及方式。运动处方与一般的治疗方法相比,效果更为突出,它的作用主要表现在三个方面。

### 1. 增强人体免疫力

人体通过自身的免疫系统来保持机体的相对平衡,为身体参与各项活动提供基本保障。一旦身体免疫系统有异常情况出现,机体生理功能就会失衡,会导致整个机体的抵抗力大大下降,诱发多种疾病。

大学生根据已经制定好的运动处方参与运动锻炼,不仅能有效避免运动损伤,增强人体的免疫力,积极地促进健康,而且制定良好的、科学的、合理的运动负荷还可以对人体的中枢神经、心血管、呼吸、内分泌等系统产生良性刺激,从而促进人体系统产生形态和功能上的变化,最终增强人体免疫系统的功能。

### 2. 提高人体心肺功能

运动处方中多数会采取运动强度中等的有氧运动项目来指导大学生参与锻炼,有氧运动对人体的促进主要体现在两个方面:第一,多进行有氧运动锻炼可以有效降低安静时的心率;第二,可以加强心脏的收缩力量,增加脉搏的输出量,提高心脑血管系统的功能。

大学生在参与运动锻炼时应参照运动处方的指导进行锻炼,这样能提高人体肺活量,增强肺部组织的弹性功能,增加机体的摄氧量,从而全面改善呼吸系统的功能状况。实践证明,长期参与运动锻炼的人的肺活量要比运动缺乏的人的肺活量要高出500~1000毫升。

### 3. 改善现代文明病

现代社会的高速发展导致人类在享受高科技便利和现代文明的同时也会受到现代文明病的影响。现代快节奏的生活和激烈的竞争状态,导致人们长时间处在紧张、焦虑、恐惧的心理状态下,各种心理疾病也层出不穷,像失眠、抑郁等就成为困扰人们健康隐患。另外,现代生活水平的提高和工作条件的改善使人们因为长期久坐、缺乏锻炼等导致人们出现颈椎病、肩周炎、肥胖症和高血压等症状,这些症状也威胁着人类的健康。

目前来看,治疗现代文明病最有效的方式就是参与体育锻炼,通过增强人体机能提高人们的体质健康。这就要求现代大学生在参与体育锻炼时,一定要参照自身实际负荷的情况,按照运动处方的要求来进行科学、合理的运动;否则,没有原则的和盲目的运动可能会对机体产生较大的伤害,更容易得不偿失。

## 四、运动处方的分类

当前,关于运动处方的研究主要集中在保健康复领域,研究的对象也主要集中在体质弱势群体,如身体患有残疾、疾病,以及体弱、肥胖等人群。随着体育教育改革的不断深入,以及运动处方理论与实践的不断发展和完善,运动处方所涉及的目标对象会进一步扩大。依据运动处方所涉及的主要目标对象及目的的不同,运动处方可分为以下四种类型。

### (一)治疗性运动处方

治疗性运动处方主要以那些患有慢性疾病、职业病,以及其他需要治疗的人群为目标对象,以调节身心健康、缓解病情、改善身体机能等为主要目的,主要选择一些具有保健、康复功能的中低负荷的运动项目,如打太极拳、健身气功等练习,对于改善心脑血管疾病具有较好的效果。治疗性运动处方在临床医学中运用得非常广泛,学校也开始借鉴和运用,但对于研制该处方的人员的要求相对较高,一般要求除了掌握体育锻炼的常识和技巧以外,还应当熟悉相应的医学保健常识。

### (二)健身性运动处方

健身性运动处方主要以那些体弱、肥胖或慢性病人群为目标对象,以调节身心健康、改善形体、缓解病情、改善身体机能为主要目的,主要采用一些中等负荷的有氧练习运动项目,如有氧健身操、中长距离跑步等。要求设计健身性运动处方的人员要熟练掌握体育健身的基础理论和基本技能,并具备一定的运动营养和卫生保健常识。健身性运动处方是目前运用最为广泛的运动处方之一,深受白领、金领职业者的青睐。

### (三)竞技性运动处方

竞技性运动处方以进一步改善形体、提高专项身体素质和运动技能,以期达到最佳的竞技状态,并且以成功参加比赛为直接目的。因此,该处方的目标对象主要是职业运动员或准备参加比赛的运动参与者,采用专业的运动训练方法。研究设计者应当是熟悉运动训练理论和方法的体育教练员。

### (四)教育性运动处方

教育性运动处方是当前体育教育改革研究的热点领域之一,随着教育理念的更新,体育教育者开始研究体育教学模式和方法的改革,处方式体育教学成为人们推崇的方法之一,并正在成为体育教育教学改革的一种趋势。实际上,运用于体育教学的运动处方就是教育性运动处方。它以普通学生为目标对象,以增进健康、改善机能、提高运动技术水平、塑造心理品质等为主要目的,以身体练习为基本手段。研究设计者一般是体育教师。目前,教育性运动处方的目标群体主要是身体患有疾病、残疾及体弱、肥胖的体质等身体素质处于弱势的学生。

综上所述,关于运动处方的划分是相对的,有时其目的又是交叉的,手段也是通用的,只是在具体实施时,要结合目标对象的实际情况和特点,善于把握和控制练习的负荷及节奏,加强医务监督和保障,提高处方的实施效果。

## 五、制定运动处方的理论依据

运动处方有着严格的对内容和规范的格式要求,因此在研究制定运动处方时,应当根据以下知识和背景,进行全面考察、分析和设计。

### (一)目标对象的特点及目的

目标对象是研究制定运动处方的出发点和归宿。目标人群现实的身体健康状况及过往病史、运动史等因素,对处方的制定有直接的影响,关系到处方制定的成败。因此,在研究设计运动处方之前,必须对目标对象进行全面的考察、测试和分析。

目标对象的目的要求也是一个重要依据。也就是说,处方对象想要达到什么样的目的,或者说,根据目标对象的特点,其能够达到什么样的目的。因此,运动处方设计者要围绕这一目的,选择、设计具有针对性的运动处方。

### (二)相关的医学科学知识

从运动处方的分类可以看出,处方涉及众多的学科知识,其中医学知识是基本知识。只有熟悉和掌握了足够的卫生、医学保健等常识,我们才能够科学分析特殊患者的基本情况,从而选择有效的处方方案,如对于高血压患者,就要禁止采用一些靠憋气来完成的练习动作;对于经期的妇女,也要禁止采用增加腹腔压力的练习动作。在实际的运动练习中,掌握丰富的医疗、卫生常识,还有利于预防一些意外事故的发生。

### (三)运动人体科学知识

运动人体科学是体育学的一个二级学科,其中运动生理、运动营养等学科知识是制定运动处方的重要基础之一,如运动负荷的设计、营养膳食的搭配等都离不开以上学科知识的指导。对运动生理研究的实验表明,机体对运动的适应具有双向性,良好的刺激可产生积极的影响,反之,则会产生消极影响甚至裂变影响,而轻微的刺激对机体的影响不大。因此,从这个层面上看,运动负荷的设计直接关系到练习的效果。

### (四)体育教育训练学知识

体育锻炼的基础理论和基本技能可以为我们选择练习方案提供丰富的素材和科学指导,各种练习内容的制定及技术指导都离不开相关的体育知识,如采用游泳运动来练习,就必须先学会相应的游泳动作技术,打太极拳也要学会套路等。体育是教育的重要组成部分,具有教育的属性,在实施运动处方的过程中,还起到教育的功能。

另外,心理科学知识也是不容忽视的,尤其是对有心理障碍的目标对象来说。因此,掌握心理科学知识对研究设计运动处方具有积极作用。

## 六、运动处方制定的步骤

在运动处方制定前,首先要掌握三个步骤,第一,健康调查与评价;第二,运动实验;第三,体质测试。在制定各个步骤的具体内容时一定要考虑清楚,要结合自身的实际情况。

### (一)健康调查与评价

健康调查与评价的主要目的就是了解锻炼者的基本健康状况和运动情况。需要了解和掌握的基本情况有:首先,要详细了解运动者以往的病史和身体健康状况,以及现有疾病的治疗方法;其次,要了解运动者参与运动锻炼的动机和参与运动锻炼所期待达到的目标等;最后,要充分了解运动者所处的社会环境条件和运动者以往的运动史。

### (二)运动试验

随着社会的不断进步,运动实验的应用范围越来越大。目前进行的运动实验一般采取逐渐增加运动负荷的方式,运动实验主要根据被测验者的具体情况和测验的目的而定的。正常来讲,进行运动处方的实验最好不要超出几点范围,即对运动者的体能素质和心脏健康状况进行测量评定,为后期制定运动处方提供必要的依据和提高运动处方的实效性。对于心脏的检测状况可作为早期冠心病的诊断依据,由于不适宜的运动可能会引发心律失常,做好这方面的记录在后期可用于对康复治疗效果的评定。

### (三)体质测试

制定运动处方过程中最主要的依据是所选择测试运动项目的种类和运动强度的大小,测试的内容虽然广泛,但主要包括以下四种。

#### 1. 运动系统测试

体质检测中对于运动系统的测试主要包括两种测试内容,一种是手法肌力测试,另一种是围度测试。

(1)手法肌力测试:被测者首先选好合适的位置,通过运动让肌肉做最大程度的收缩,同时在关节远端作用下,由测试者向被测者助力,通过施加阻力的过程观察被测者对抗阻力的状况。

(2)围度测试:这种测试方法是根据肌肉力量的大小,运用与肌肉的生理横断面有关的生理常识来测试肌肉力量的方法。这种测试的指标主要有:上臂围度、前臂围度、大腿围度、小腿围度、髌骨上5厘米的围度、髌骨上10厘米的围度等。

#### 2. 心血管系统测试

人们对于心血管系统的测试主要分为动态检查和静态检查两种。测试的目的是观察被测者的心率、血压、心电图的起伏状况。通过检测心血管系统的健康状态,来评定被测者的心脏功能并以此为依据制定出科学实用的运动处方。

#### 3. 呼吸系统测试

针对呼吸系统测评的项目种类繁多,主要是从人体肺活量、通气功能以及屏气实验等多方面测试人体的运动能力和健康状态,特别是对于有氧运动项目来讲,测试呼吸系统的性能十分必要。

#### 4. 有氧耐力测验

进行有氧耐力测验时主要是采取走、跑、游泳这三种基本方式。

目前,惯用的测试方式主要有定时的耐力跑和定距离的耐力跑两种。通过对受测者进行以上两种测试,基本可以了解受测者的健康状况、体力水平的高低和运动能力的大小。再根据受测试者的反应,制定科学、合理、针对性强的运动处方,从而保障运动者的运动目标顺利实现。

## 七、运动处方制定的原则

制定运动处方时除了要依据可行的健康标准,还要在满足运动者实际需求的基础上遵循一定的运动原则,制定出实效、合理、针对性强、可以全面提高运动者身体素质的运动处方。

### (一)安全性原则

运动处方的制定首先是为了顺利达到运动者预定的运动目标,其次一定要保证运动者的安全。在制定前首先应对运动者进行全面的身体检查和体力测试,根据运动者身体的实际情况制定有针对性的运动处方,要最大限度地避免运动损伤的出现、保障运动者的安全。运动者一定要严格执行运动处方的各项规则和要求,选择适合自身运动负荷的项目进行锻炼。

### (二)针对性原则

由于每名运动者的具体情况都是不同的,不同年龄、不同体质的人进行同一种锻炼,结果也会不同,甚至还会出现运动损伤。因此,制定运动处方时,必须要因人而异,要有一定的针对性。老年人和年轻人如果用同一种运动处方,老年人很可能完成不了,而年轻人则可能达不到应有的锻炼效果,这对双方来说都是不利的。况且,每个人的身体状况都是在不断变化的,任何人不可能永远都按照同一个运动处方进行锻炼。所以,在制定运动处方时,必须要根据每个人的具体情况量身定制,区别对待。这就是运动处方的针对性原则。

### (三)渐进性原则

渐进性原则是指运动处方要根据运动者体质增强的规律而制

定,在实施运动处方时,要根据个人的体质状况由小到大逐步增加运动负荷,遵循循序渐进的原则。关于渐进时间和每次渐进的量,应按照负荷和有效价值所规定的时间确定合理的渐进指标,并且要按照每个指标合理安排渐进的幅度和渐进的时间。

运动处方的渐进性原则主要是指按照循序渐进的特点,遵循超量恢复的法则来逐步提高运动负荷量。如果在锻炼的过程中仅按照一个运动处方进行锻炼,是不可能有效达到运动锻炼的目的的;而突然进行一次大强度、长时间和多次重复的锻炼,会违背循序渐进的宗旨,这样不仅达不到应有的锻炼效果,甚至还会造成运动损伤,影响下一步的锻炼计划。

**(四)全面锻炼原则**

人体是由大脑皮层统一调节的有机体,其中包含多个系统,并且每个系统之间都是互相联系和互相促进的,各个系统都有自己的功能,且各系统间不可互相替代。因此,在进行运动锻炼时,必须要按照运动处方进行,本着全面锻炼的原则,对身体各个部位进行锻炼,从而获得身心的全面发展。在锻炼的过程中,运动者还要结合运动锻炼的目标,合理调配饮食结构,以保证营养物质与运动目标的有机结合,促使机体与运动目标协同发展。

**(五)可操作性原则**

在制定运动处方时需要充分考虑到锻炼者所处的环境与实际的锻炼条件,充分利用体育资源,制定可操作性强的运动处方,保证运动锻炼的科学性和有效性。制定出的运动处方必须要有一定的可操作性,否则运动者就无法按照运动处方开展运动锻炼活动,就更谈不上达到运动锻炼的效果了。

## 八、实用运动处方

**(一)有氧运动项目的运动处方**

有氧代谢运动被称为"健康运动"的主要原因有以下三个方面:

第一,这种锻炼方法简便易行,其运动形式对技巧的要求不高,除步行、健身跑、游泳、骑自行车外,还有原地跑、登楼梯、健身操、跳绳等;第二,这是一种可对运动负荷强度、练习数量、持续时间和每周锻炼次数进行自监自控的锻炼方法,安全有效;第三,这种方法科学性强,它的特点是强度低、有节奏、不中断、可持续时间较长。

现仅对几项常用的有氧运动项目的运动处方的制定进行简单介绍,供运动实践参考。

### 1.步行运动处方

行走历来被称为"百练之祖",走路是人们日常最基本的活动之一,还是人们强身健体、延年益寿的最佳途径,也是每一个健全的人每天必须做的事情之一。它不限时间、不限地点、不易受伤、不挑剔运动者年龄和性别,年老体弱、身体肥胖和患有慢性病的人都特别适合用这项运动来进行健身。

但是相对于年轻人来讲,步行比较浪费时间,同样的运动效果,步行要比跑步多付出两倍的时间才能达到。

(1)步行健身的运动效果。

健身运动中的步行总共可分为四种方式,即普通步行、负重行走、医疗步行和竞技步行。

①散步是人们茶余饭后的一种积极健康的运动方式,研究证明,轻快的步行可以有效地缓解神经肌肉的紧张状态。著名的美国心脏病专家怀特曾经说过:心情愉快的步行和其他提高体质的运动一样,不仅能有效健身,而且是治疗情绪紧张的最佳镇静剂。每天坚持步行60分钟,可作为保持心脏健康的理想手段。

②长期、规律的步行锻炼可促进体内糖类代谢的正常化,人们饭前饭后进行散步运动是防治糖尿病的有效措施。实践证明,中老年人每天以每小时3千米的速度运动1~2小时,人体代谢率可提高50%,糖类的代谢也能得到明显的改善。

③步行运动具有良好的减肥效果。对于因为多食少动而肥胖的

人们来说,长时间的疾走可以有效地消耗体内的热量,促使体内机能更高效地消耗多余的脂肪;如果能每天坚持步行运动,再适当地控制饮食量,就可以有效地控制身体发胖。

④步行运动锻炼有助于关节疾病的防治。步行是需要承受体重的运动锻炼,坚持规律的运动可以有效预防骨质疏松症、延缓退行性关节的变化和消除风湿性关节炎等。

⑤步行是增强心脏功能的有效手段之一。大步疾走时,下肢大肌肉群的收缩,可使心脏跳动加快,心跳脉搏量增加,血流加速,以适应运动的需要;步行还可在一定程度上改善冠状动脉的血液循环,这对心脏是一种很好的锻炼。

(2)步行运动处方的实践基准。

步行锻炼应以下列五点为基准。

①速度:以 100 米/分为限。

②运动量:行走距离为 1000×2=2000 米(往返)。

③运动频率:每日或隔日 1 次,每次 20 分钟。

④动作要求,步行的姿势上半身略前倾,大步流星地走。

⑤注意事项:为防止对头部的震荡,鞋底最好是橡胶的。

### 2.慢跑运动处方

被人们视为"有氧代谢运动之王"的慢跑又被称作健身跑。相对于其他中长跑运动,健身跑的优点很多,不管是从运动距离还是运动强度上来讲,慢跑更具备轻松性、随意性,属于中低强度的运动练习,比较适合中老年运动者和处在恢复期的慢性病患者。除上述因素外,从运动医学的观点来看,慢跑受人们欢迎的主要原因还有三点:一是比较安全且省时间;二是健身效果好而且见效快;三是运动量容易控制,男女老少可以随时随地进行健身跑运动,也便于终生坚持锻炼。

慢跑虽然说是比较安全的运动项目,但个别人由于跑步技术不完善或运动量过大,也会发生某些运动损伤,其性质多数是轻微的。

此外,慢跑时下肢关节受力较大,容易引起膝关节疼痛;由于脚下不停地重复快速的动作,受伤的概率大于步行和游泳。因此,缺乏锻炼的中老年人,宜先练步行,待基础体力提高后再慢跑,过渡期间可走、跑交替练习,使机体有一个适应的过程。

(1)慢跑健身的运动效果。

①慢跑运动能够有效改善由运动不足、生活安逸以及精神紧张等因素引起的"生活方式病",对高血压病、糖尿病、动脉硬化、冠心病、肥胖症等疾病有很好的防治作用。

②慢跑运动能够促进人体在大自然中摄取氧气,提高机体的新陈代谢,增进健康;到大自然中跑步还能陶冶情操,是一举多得的健身方法。

③慢跑运动能够坚实人体的骨骼、关节和腿部肌肉,强健人体的心肺功能。

④慢跑运动能够磨炼人的顽强意志,持之以恒地锻炼可换来健康的心态,从而能更好地迎接现代生活方式的挑战。

(2)慢跑运动处方的实践基准。

①慢跑的运动量、运动强度和运动时间。慢跑运动中,运动量的大小主要由所进行运动的运动强度和运动时间来决定,它们两者之间是以运动强度为主,以运动时间为辅;运动者应该根据自身的运动条件,选择合适的运动强度和运动距离来加以锻炼。

慢跑分为三种:a.常规健身跑。常规健身跑是指人们按照自身运动状况而选择的千米慢跑运动,最初先以每次1000米进行锻炼,等身体负荷完全适应运动状态后,再每周或者每两周按照定性规律每次增加1000米进行锻炼,跑速控制在每1000米8分钟以内,最终跑步距离增至5000米即可。运动者根据自身的体质可选择每日锻炼或隔日进行锻炼。b.短程健身跑。运动者从最初的50米跑起步,逐步增到400米跑,跑速不要太快,速度一般控制在100米40秒以内,平均每周测量两次。当运动距离增至1000米后,短时间内不要再次增加运动距离,开始逐渐增加跑步速度,以提高运动的强度;刚开始增加运动速度时,为巩固运动强度,可增加锻炼频率,每日一次或两日一次。c.间歇健身跑。年龄偏大或体弱的运动者更倾向于采取间歇健身跑的方式进行运动锻炼,它是一种采用行走和慢跑相结合的练习方式。初练者一般会从快走60秒、慢跑30秒开始,反复交替进行练习来提高心脏负荷力。练习时间共计达到30分钟,以后再根据体力状况逐步增加运动量。

②慢跑的技术要领。慢跑的正确姿势是上体正直并稍前倾50°左右,使头与上体成一直线,不左右摇晃,双眼平视,面部和颈部的肌肉放松。两臂摆动时,肩部要放松,上臂自然下垂,肘关节的曲度稍小于直角,两手自然半握拳,前摆时手稍向内,后摆时肘稍向外,做到"前摆不露肘,后摆不露手"。

③慢跑注意事项。慢跑时要注意掌握好呼吸节奏。所谓呼吸节奏就是让呼吸和慢跑的步频配合好。一般常采用"222"的呼吸节奏,即"两步一吸,两步一呼"的方法,也有采用"323"或"424"呼吸节律的,并且多主张采用鼻和半张口同时呼吸的方法。掌握好呼吸节奏,跑起来就会感到轻松自如。

3.游泳运动处方

游泳运动的优点有很多,这是一项可以促进身体全面发展的运动,男女老少皆宜,又不易受伤,而且也是一种实用的生活本领,故应提倡从幼年就练习游泳。

游泳运动的缺点是游泳场地条件受限制,不易常年坚持锻炼。

(1)游泳健身的运动效果。

①游泳是一项全身运动。游泳时,水的阻力比空气阻力大820倍,不论哪种游泳姿势,人的肢体都要不停地进行收缩和舒张,全身的肌群都会参与活动;长时间游泳可促使身体各部分关节和肌肉都得到良好的锻炼。所以,经常游泳不仅能使身材匀称、富有曲线美,而且可以提高肌肉的力量,刚柔适中。

②游泳是一种周期性运动,肌肉的紧张和放松交替进行,长时间锻炼可使肌肉变得柔软且富有弹性。

③游泳的减肥效果。水的导热性比空气快28倍,由于游泳时人体的热量散发很快,所以必须尽快地补充身体所失去的热量,以抵抗冷水的刺激。在同样的时间、强度下进行运动,在水中要比在陆地上运动能消耗更多的能量。研究证明,身体肥胖者如果能够每天坚持游泳30分钟,并且不增加饮食量,完全可达到减肥的效果。

④游泳运动可有效提高肺活量。当人体在水中浮动处于水平姿势时,接近于悬浮状态,胸部要受到12~15千克水压,因此必须不断加深呼吸。经过长期游泳锻炼,呼吸肌就会变得强壮有力,从而增大呼吸差和肺活量。

⑤游泳有利于锻炼骨髓的灵活性和柔韧性,能更好地促进骨髓的生长发育,还可以预防少年儿童佝偻病和软骨病的发生。

(2)游泳运动处方的实践基准。

游泳时的能量消耗很大,原因有如下三点。

①水的温度越低,散热越多,能量消耗也越多。例如,在12℃的水中停留4分钟所散发的热量,相当于人在陆地上1小时所散发的热量。

②用相同的速度、不同的游泳姿势时,自由泳的能量消耗大于蛙泳。

③游泳的速度越快,受阻力越大,消耗的能量就越多。

在制定水中游泳运动处方时,需要对陆上锻炼的运动处方的制定原则做出相应的调整。日本学者小早川智治对游泳中的最大心率与跑步的最大心率做了研究,以探讨水中适当的运动强度。结果显示,水中的最大心率比陆上低11次/分,如被检查者的目标心率陆上平均为151~186次/分,而水中为144~176次/分,低7~10次/分;再用"220-年龄"推算最大心率时,则水中的低13次/分,水中目标心率低7~11次/分。因此,陆上运动处方应用于水上时,青年人要按照各种心率值减去 12 次/分来处理。

### 4.登楼梯运动处方

登楼梯运动是近年来发展最快的有氧健身运动。登楼梯运动毕竟是一种比较激烈的有氧运动形式,必须具备良好的健康状态,且具有一定的训练基础。登楼梯运动并不能替代跑步、游泳等健身运动项目。

(1)登楼梯的运动效果。

据统计,登楼梯时消耗的热量比静坐多 10 倍,比散步多 3 倍,比步行多 1.7 倍,比打乒乓球多 1.3 倍,比打网球多 1.5 倍,比骑自行车多 1.5 倍,比打排球多 1.4 倍。

(2)登楼梯运动处方的实践基准。

①登楼梯运动一般有登楼梯、跑楼梯及跳台阶三种形式,可按自己的体力进行选择。

②"登楼梯机"。该机器使用起来很方便,锻炼者只需像踩自行车那样踩踏上下转动的两块踏板即可,且有先进的计算机控制程序,可随时在屏幕上显示出时间、距离、步数、速度、心率、体重、热量消耗等各种参数,并且有多个难度(阻力)等级可供选择。

### 5.倒走运动处方

进行倒走运动锻炼时,首先要选择平坦、安全的场地,不要在马路上进行练习,初期进行这项运动锻炼时一定要慢行,服装和鞋子要选择和散步、慢跑运动类似的装备。

由于倒走这项一反常态的锻炼方式,可以有效地刺激平时难以活动到的肌肉,平衡血液循环和肌体的状态,同时对神经衰弱、失眠、高血压等心脑血管疾病都有极好的防治作用。

### 6.登山运动处方

登山运动作为体育锻炼项目来讲,秋季是进行这项运动的最佳季节。登山运动在我国被称作"心血管体操",它对人体可起到增加肺活量、促使脑血流量增加、血液循环系统增强、提升尿液酸度的作用。长时间、多次数的登山运动,不仅可以增强心脏和血液循环系统的功能,还能保证血糖、血压、血脂维持在正常水平,同时对人们预防骨质疏松症、促进骨骼健康具有特殊作用。

### (二)青少年增高运动处方

#### 1.影响增高的因素

在青少年生长发育的过程中,影响身高的主要因素共有两大类,即先天的遗传性因素和后天的环境因素。人体身高有75%取决于种族、父母的遗传基因,只有少部分的因素来自后天环境所产生的影响。青少年生长发育的模式虽然由遗传基因所决定,但是后天生长的潜力也不容小觑;充足的营养、良好的生活习惯和愉悦的精神状态都有利于青少年后天的生长发育,这其中,科学、合理的体育锻炼是刺激生长的主要因素。因此,选择合适的运动项目尤为重要。

#### 2.身高的预测

世界各国科学家经过大量的科学研究发现,身高基本遵循两条规律:一是在青少年生长发育期占据稳定性的遗传基因。二是后天成长的规律,即有部分人在儿童时期就身材高挑,步入青少年期后身高也一直在保持稳定增长,直至成年;反之,则矮。根据这两条生长规律,不少科研学者通过大量的反复调查,从多种成长角度计算出了预测身高的方法。

(1)根据父母的身高。推算我国学者王路得等人制定出的身高预测公式如下:

$$儿子未来身高(厘米) = 65.699 + 0.419 \times 父身高(厘米) + 0.25 \times 母身高(厘米)$$

$$女儿未来身高(厘米) = 40.089 + 0.306 \times 父身高(厘米) + 0.413 \times 母身高(厘米)$$

(2)根据拍摄骨龄片评定推算。多个事实证明,根据人体骨龄片进行评定推算的预测身高的方法更为科学、合理,相对于其他推算方法的准确率也更高,尤其适合运动队选拔预备队员和业余体校选拔学生。预测公式为:

预测身高(厘米)=骨龄发育百分比数/现时身高(厘米)

### 3. 增高运动处方示例

(1)伸拉躯干,请同伴帮助,一人抓住双手,一人抓住双腿,两人同时向相反方向适度伸拉锻炼者的躯干,连续2～3次,每次15～20秒。

(2)柔韧和放松练习——伸腿、摆动、抖动,18～20分钟。

(3)纵跳摸高(树枝、篮球板、天花板等)。双腿跳、单腿跳各两组,每组10次;每组间歇5～8秒,换腿间歇4～5秒。要尽全力起跳,尽量跳得高些。

(4)单杠悬垂,尽量放松身体,两组不带负荷(每组20秒),一组带5～10千克负荷(重物系在腿上)。

(5)登20～30米高的小山,尽量加快速度,然后疾步跑下,重复3～4次。

(6)坚持有氧慢跑5～7分钟。

上述练习内容每天早晚各进行一次。可促进处在生长、定型期的大学生们做最后的成长拼搏。

另外,在保证睡眠和饮食营养均衡的基础上,还要循序渐进地进行像打篮球、排球和游泳之类的运动锻炼,全面促进全身各组织器官、骨骼的生长发育。

### (三)发展心肺功能的运动处方

运动锻炼目的:提高心肺功能,发展有氧耐力素质。

### 1. 运动项目

长距离步行、慢跑、自行车、游泳、划艇、爬楼梯等全身大肌肉的持续性活动。

## 2. 运动强度

（220－年龄）×（60%～80%）的目标心率。

## 3. 运动时间和频率

每次 20～60 分钟，每周 3～5 次。

## 4. 注意事项

每个人的适应水平和能承受的运动强度不同，锻炼持续的时间也应根据自身情况有所区别，对于一般适应水平低的锻炼者来说，20～30 分钟就可提高心肺适应水平；而适应水平较高的锻炼者则需要 40～60 分钟。所以，运动者可根据自身的运动水平和运动基础来调整运动的频率和强度。一般来讲，每周进行两次锻炼可以达到有效增强心肺适应能力的功能，3～5 次的运动锻炼可以使运动损伤的概率降到最低、心肺功能的适应水平达到最高。

凡是有大肌肉群参与的、慢节奏的持续性运动都可作为锻炼方式。人们可以按照自己的兴趣选择喜欢的运动，另外还要考虑可行性和安全性。运动锻炼中相对来讲不易受伤的人群就可以任意地选择运动项目进行锻炼，容易产生运动损伤的人群就要在选择项目时有所顾忌，一定要选择运动动作不激烈、对身体冲击力相对小的项目进行锻炼。

### （四）发展肌肉力量的运动处方

运动锻炼目的：提高肌肉力量和爆发力。

## 1. 运动项目

哑铃或杠铃。

## 2. 运动强度

选择 8～12 个主要肌肉群练习，以 8～12 区间内最高重复次数的重量或阻力做 8～12 次/组，共做 1～2 组，组间休息时间为 1～3 分钟。

## 3. 运动时间和频率

每次总练习时间 20 分钟为最佳，每周 1～2 次。

### 4. 注意事项

每周进行 4 次锻炼是能坚持长期肌肉力量锻炼的最大频率限度。一般来说,运动者进行运动的频率为每周 1~2 次最佳,这样既能保证不产生运动损伤,还能有效增加肌肉力量,运动成果也可最大限度地体现出来。力量锻炼的间隔时间,一般会以肌肉能彻底恢复的时间为参考,正常情况下,肌肉在停止锻炼后 5 秒能恢复 50%,2 分钟左右可以完全恢复,所以,为了保证运动效果,每次运动锻炼的间隔时间要控制在 2 分钟以内,每次练习总时间以 20 分钟最为适宜。

当运用杠铃练习时,须有同伴帮助,以便在需要时得到保护。

## (五)发展柔韧素质的运动处方

运动锻炼目的:提高柔韧性。

### 1. 运动项目

被动静力性伸展法或本体感受神经肌肉伸展法。

### 2. 运动强度

每组肌肉伸展至拉紧或有少许酸痛感觉为止。

### 3. 运动时间和频率

每组肌肉伸展 10~30 秒,大肌肉群可伸展 30 秒。但是每个姿势的持续时间和次数应逐渐增加,一般从 10 秒逐渐增加到 30 秒。可每天练习或在运动后练习。

### 4. 注意事项

进行柔韧性练习时,动作的幅度要逐渐增大,用力要柔和,以避免受伤。

静力性练习一般保持 8~10 秒,重复 8~10 次可收到良好的效果;动力性练习一般保持在 15~25 次。还要针对身体进行全方位的运动锻炼,不管是运动前的准备活动、运动后的伸展运动还是进行关节柔韧度的练习,都要兼顾其他及全身关节柔韧性的锻炼。

# 第六章 健康中国与全民健身运动

## 第一节 全民健身体系概述

### 一、全民健身体系的概念与内涵

所谓全民健身体系,就是一个能够不断为全体国民提供体育健身的基本环境和条件,满足全体国民体育健身的基本需求,使全体国民健康素质得到明显提高的服务和保障系统。全民健身体系的基本目标就是实现"全民族健康素质的明显提高"的奋斗目标,全民健身体系的基本功能就是不断满足全体国民体育健身的基本需求,在体育服务方面实现"惠及十几亿人口"的目标。全民健身体系的基本任务就是不断为全体国民提供体育健身的基本环境和条件,在体育生活方面实现"人民生活更加殷实"。全民健身体系的基本特征是全面性、系统化、多元化、服务性、保障性和平民化,其核心是服务性的保障性。

### 二、全民健身体系的基本特征

#### (一)全面性

这既是"全民健身体系"中"全民"的要求,也是"全面建成小康社会"中"全面"的规定,它包括服务人群的全面性、服务内容的全面性和服务范围的全面性。全民健身体系要"惠及十几亿人口",而不是惠及一部分人,在坚持城市体育以社区为重点、关注市民体育的同时,要兼顾单位体育和职工体育;在坚持农村体育以乡镇为重点、关注乡镇居民体育的同时,要兼顾村屯体育和农民体育;在坚持青少年体育以学校为重点、关注在校生体育的同时,要兼顾青少年校外体育和社会上的青少年体育,这样才能实现"惠及十几亿人口",才能真正"始终代表最广大人民群众的根本利益"。

### (二)系统化

这是"全民健身体系"中"体系"的要求。它包括服务功能的系统化和保障条件的系统化,最终形成一个能够不断满足全体国民体育健身基本需求的完整的、配套的服务体系,而不是孤立地、零碎地搞一两项活动,搞一两项建设。

### (三)多元化

这是由社会主义市场经济条件下经济多样化、文化多样化以及人的体育需求多样化所决定的。它包括服务对象的多元化、组织结构的多元化、投资主体的多元化和活动内容的多元化。要满足不同阶层人群的体育健身需求,就要在强化政府对人民体质与健康负总责、负主责的同时,充分调动全社会的力量齐抓共管,形成合力;就要形成政府依靠公共财政提供基本体育公共物品和服务,市场提供私人体育物品和服务的格局;就要提供各色各样、科学文明的体育活动形式和内容,供不同的人选择,只有建立一个多元化的全民健身体系,才能使更多的人参与体育,使更多的人受益。

### (四)服务性

这是由党和政府全心全意为人民服务的宗旨决定的。这个体系要为广大人民群众参与体育健身活动服务,为明显提高全民族健康素质服务,为积极形成全民族健全心理服务,为提高人民生活质量服务,为繁荣体育事业、建设先进文化、推动经济发展服务。

## （五）保障性

这是由我国群众体育事业的公益性所决定的。党中央和国务院在《关于进一步加强和改进新时期体育工作的意见》中明确提出"群众性体育事业属于公益性事业"。这个体系要"保障广大人民群众享有基本的体育服务"，保障法定的公民的体育权益切实得以实现；保障政府承担的体育责任切实得到落实；保障基本的体育健身环境和条件切实得到改善；保障全民族健康素质切实得到明显提高。

## （六）平民化

这是由我国社会主义国家性质和"三个代表"重要思想决定的。它是指在体现服务人群全面性和服务对象多元化的同时，要突出体现这个体系切实为占人口大多数的普通老百姓和中低收入人群服务，切实保障这些人群的平等参与和平等受益，使其真正"享有基本的体育服务"。

## 三、全民健身体系的基本构架

从全民健身体系的基本含义和基本特征出发，所构建的全民健身体系分为两大部分，一部分称为体育服务体系或直接服务体系。它是直接为人们参与体育健身活动服务的部分。人们直接与这一部分中的要素打交道，享受这些要素带来的服务。另一部分称为体育保障体系或间接服务体系。它是为体育服务体系中诸要素提供供给、改善、支撑、保护的部分，体育参与者虽然不直接与之打交道，但享受着这个体系提供的成果。没有体育保障体系，则没有体育服务体系；即使有了，也不会健康发展或维持长久。

### （一）体育服务体系的基本构架

体育服务体系包括5个子系统10个要素，一是体育场地设施系统。这是人们参与体育健身活动的最基本的空间条件或物质条件。就像校舍对于学生，医院对于患者。没有多样化的配套体育场地设施,就无法满足人们多样化的体育健身需求。这个子系统包括两个要素:公益性体育场地设施和非公益性体育场地设施。二是体育消费市场系统。这也是人们参与体育健身活动的基本空间条件或基本物质条件。同样,没有多档次、多品种的体育物品和体育服务,人们多样化的体育健身需求就无法满足。这个子系统包括两个要素:体育物品消费市场和体育服务消费市场。三是体育活动指导系统。它为人们参与体育健身活动提供科学指导。就像教师对于学生,医生对于患者。缺乏科学指导,人们的体育健身活动就是自发的、盲目的、随意的,难以得到科学保障。这个子系统包括两个要素:体育场所体育活动指导和非体育场所体育活动指导。四是体育健身组织系统。它为参与体育健身活动的人们提供组织支持,从而依靠组织的力量,发挥组织的功能,使人们获得良好的体育健身活动环境和条件,没有健全的体育健身组织,人们的体育健身活动是低水平的,很难得到科学指导。这个子系统包括两个要素:社区体育健身组织和非社区体育健身组织。五是体育信息供给系统。它为人们参与体育健身活动与交流提供信息服务。具体为传达与交流体育健身所需要的体育场所、体育消费、体育组织、体育指导、体育知识、体育感受等方面的信息,不断提高人们的体育参与程度和体育活动水平,充分发挥体育资源的效益。这个子系统包括两个要素:平面媒体信息供给和网络媒体信息供给。

### (二)体育保障体系的基本构架

体育保障体系包括3个子系统和10个要素。一是体育知识与指导系统。它为体育参与者和体育组织者提供体育科学知识支撑和宏观发展指导。避免迷失方向、多走弯路,避免事倍功半、得不偿失。这个子系统包括两个要素:体育科学知识和体育发展战略和规划。二是体育条件支持系统。它为体育服务系统提供直接的人力、物力、财力和信息等方面的支撑。没有这个子系统的支持,体育服务体系就无法构建。这个子系统包括4个要素:体育资金投入、体育宣传舆论、体育科技教育和体育法律法规。三是体育组织管理系统。它为全民健身体系的健康运转提供组织与管理保障。没有这个子系统，全民健身体系就无法运转，即使运转起来，也容易出现较大的失误，也是低效率的。这个子系统包括4个要素：体育行政机构、体育社会团体、国民体质监测和体育工作评估。

### (三)加快完善全民健身公共服务体系建设的路径

#### 1.优化政府主导作用

积极将全民健身公共服务融入经济社会建设中，加强沟通协调，推进政府主导、部门协同和全社会共同参与的大群体工作格局的形成。发挥公共财政的主导作用，建立全民健身公共服务发展经费保障机制，将全民健身公共服务预算纳入各级政府财政预算中，同时要在财政、税收、金融等方面给予政策支持。建立全民健身基本公共服务体系推行标准和指标体系，推进全民健身公共服务体系建设的规范化、标准化、精细化。健全全民健身体育服务体系建设评价考核机制，逐步形成客观公正、多方参与、激励先进的评价考核制度，推动全民健身公共服务体系建设。

#### 2.完善全民健身公共服务体系法律建设

通过修订《中华人民共和国体育法》(以下简称《体育法》)，确定全民健身公共服务的基本法律框架，明确政府提供全民健身公共服务的职能，对政府全民健身公共服务体系建设各方主体做出相应的基本规定，厘清体育行政部门、体育非政府组织、企业、个人等全民健身公共服务主体的职能定位与法律地位。在《体育法》确定全民健身公共服务基本法律框架的基础上，由国务院制定专门的全民健身公共服务的行政法规，规定促进全民健身公共服务体系建设的具体实施路径和法律措施等。

#### 3.推进全民健身公共服务体系城乡均等化覆盖

推进全民健身公共服务体系城乡均等化覆盖，改变农村全民健身公共服务体系建设整体水平明显低于城市的状况,增加向农村全民健身公共服务体系建设的倾斜力度。推进全民健身公共服务体系区域均等化覆盖,对于相对落后的中西部地区、民族地区等给予资金和政策上的适当倾斜,逐步缩小东、中、西等不同区域之间的差异。推进全民健身公共服务体系人群均等化覆盖和均衡发展,在场地设施建设、组织网络完善、健身服务提供等方面,统筹兼顾不同人群对全民健身基本公共服务需求和获取能力的实际差异。

4. 加快体育社会组织的全面参与

推动体育社会组织实体化发展,通过组建经营实体、建立培训基地、创建品牌赛事等方式,拉动体育产业与文化、旅游等相关产业的合作,提高体育社会组织综合服务能力,推进体育社会组织向规范化、规模化、产业化方向发展。加大政府向体育社会组织购买公共服务力度,增加政府购买体育社会组织公共服务项目的方式,拓宽政府购买体育社会组织公共服务项目的范围,使体育社会组织更加常态化、规模化地开展体育公益活动。鼓励具有影响力且愿意为推动全民健身事业发展付出努力的社会人士和机构参与体育社会组织,从而增强体育社会组织的实际影响力和活动能力。

# 第二节 全民健身运动理论与方法研究

## 一、全民健身运动的科学理论基础

### (一)全民健身运动的生理学基础

身体是生命的载体,是精神活动的物质基础。经常进行体育锻炼可以提高生命的质量,运动除了具有健身功能外,还具有健心功能和社会功能,系统地参加体育锻炼,通过对人体施加适宜的运动负荷,人为打破原有的相对平衡,可以使人体产生一系列良性的适应性变化,从而在一个更高的水平上建立新的相对平衡,使身体素质得以提高。如果体育锻炼不科学,不仅不能强身健体,反而会损伤身心健康。健身活动必须遵循科学的方法和原则。在体育锻炼过程中使用运动机能的生理学评定,可以观察人体对运动的反应及适应情况,也可以观察体育锻炼的恢复程度。

1. 心率

心率是指每分钟心脏搏动的次数,正常人在安静时,心率在60～100次/分。心率是了解循环系统机能的简易指标。在进行心肺耐力锻炼时,最关键的问题是要掌握好运动的强度。评定运动强度的客观指标主要有心率、摄氧量和"梅脱"。在全民健身中,需要选用可操作性比较强的指标。心率也是衡量人体是否疲劳或者疲劳消除情况的常用指标。一般情况下,脉搏和心率是一致的,可以通过测定桡动脉、颈总动脉的脉搏来间接测定心率。

(1)晨起基础心率监测。清晨起床前静卧时的心率为基础心率。身体健康、机能状况良好时,基础心率稳定并随运动水平及健康状况的提高而趋平稳下降。如身体状况不良或感染疾病等,基础脉搏会有一定程度的波动。基础心率随着运动水平的提高而减慢。在体育锻炼期间,运动量适宜时,基础心率平稳,如果在没有其他影响因素(如疾病、强烈的精神刺激、失眠等)存在的情况下,在一段时间内基础心率波动幅度增大,超过5～10次/分,表明可能体育锻炼的运动量过大,身体疲劳累积,要及时调整运动量,确保健康。

(2)运动中心率监测。运动过程中人体各器官、组织的新陈代谢加强,对血流量的需要也相应地增加,机体在神经调节和体液调节的共同作用下满足人体的需要。交感神经兴奋后,协同体液调节对心脏的兴奋作用,使心率加快,心肌收缩力量加强。通过定量负荷测试,可以比较负荷前后心率的变化。一般情况下,随着体育锻炼水平的提高,完成同样的运动负荷后,心率降低表明心肌力量增强,是对体育锻炼效果的肯定。

另外,在进行心肺耐力锻炼时,使用心率控制运动强度最为普遍,有人提出耐力锻炼心率=(最大负荷后心率-运动前心率)÷2+运动前心率。在耐力锻炼中保持这样的心率,才能收到效果。在涉及游泳等运动的间歇训练中,一般多将心率控制在120~150次/分的最佳范围内,一般学生在早操跑步中的强度,可控制在130~150次/分。成年人健身跑时,没有运动习惯者可用170减去年龄所得的心率数值来控制运动强度;有运动习惯者可用180减去年龄所得的心率数值来控制运动强度。

(3)运动后心率监测。对运动后心率的监测,主要是看健身者的恢复情况。在完成同样的运动负荷时,健身者心率恢复加快,提示健身者身体机能状态良好,对运动负荷适应。在体育锻炼中运用心率监测能比较方便地掌握健身者的状态,调整运动量和运动项目。

### 2. 血压

血压是指血管内的血液对单位面积血管壁的侧压力(压强),正常成年人安静时的动脉血压收缩压为 90~140 mmHg,舒张压为 60~90 mmHg,脉压为 30~40 mmHg。血压是反映心血管机能状态的重要生理指标,在体育实践中有广泛的应用。

(1)晨起卧床血压监测。清晨卧床时的血压和一般安静时的血压较为稳定,测定清晨卧床时的血压和一般安静时的血压对判定全民健身人群运动性疲劳有重要参考价值。如果在健身期间,排除其他因素的影响,血压比平时上升20%左右且持续两天,可视为机能下降或过度疲劳的表现。

(2)定量负荷前后血压监测。测定定量负荷前后血压的变化及恢复情况,可检查心血管系统机能,并对心血管机能对运动的反应做出恰当的判断。进行体育锻炼时,可根据血压变化了解心血管机能对运动负荷的适应情况,由于收缩压主要反映心肌收缩力量和每搏输出量,舒张压主要反映动脉血管的弹性及外周小血管的阻力,因此运动后理想的反应应当是收缩压升高而舒张压适当下降或保持不变。如大运动量锻炼后出现以下情况时健身者需注意休息:无器质性疾病清晨卧床血压比同年龄组血压高15%~20%,持续一段时间不复原,又无引起血压升高的其他诱因,就有可能是运动负荷过大所致。如果清晨卧床血压比平时高20%左右且持续两天,往往是机能下降或过度疲劳的表现。

(3)血压体位反射。血压体位反射主要测定心血管系统的调节能力,大运动负荷体育锻炼后,自主神经系统调节机能下降,血管运动的调节出现障碍。具体做法是受试者坐位,静息5分钟,测安静时血压,受试者仰卧位保持卧姿3分钟,由其他人推受试者背部使其恢复坐姿,立即测血压,每隔30秒测一次血压,共测2分钟。2分钟内血压完全恢复为正常,2分钟内恢复一半以上为调节机能欠佳,完全不能恢复为调节机能不良,要考虑调整运动负荷,多注意休息。

### 3.主观感觉判定

人体体育锻炼时的主观体力感觉与工作负荷、心功能、耗氧量、代谢产物堆积等多种因素密切相关,因此,运动时的自我体力感觉是判断运动量是否合理及判断运动性疲劳的重要标志。瑞典生理学家鲍格研制了主观体力感觉等级表,从6级到20级共15个等级,主观运动感觉分为安静轻松到非常费力等8个不同的等级,具体测试方法是锻炼者在运动过程中根据自我感觉的等级,来判断疲劳程度。全民健身中,普通健身者达到稍微费力和费力的程度就可以达到提高心肺功能的效果,对自身有更高要求且有多年健身习惯的健身者在运动中可以达到很费力的程度。

体育运动锻炼能引起人体机能的深刻变化,运动效果的生理学评定着眼于远期效果,但远期效果是日常体育运动锻炼效应的积累所产生的质的飞跃,运动量的安排是否得当,是能否取得运动效果的前提,关于运动量怎样才算适宜,目前尚无衡量的标准模式。锻炼者的身体状况千差万别,个体间或个体在不同机能状态下对体育锻炼运动量的负担能力不尽相同。从全民健身角度考虑,可以采用简单易行的指标,不需要太多仪器和复杂的过程就可以起到一定的作用,既可以简单判断运动效果,又可以防止人体出现过度疲劳。但对于评定运动量是否适宜、运动性疲劳是否出现最好通过多途径、多指标和多学科同步测试,再做综合分析。

## (二)全民健身运动的心理学基础

### 1. 运动心理学

运动心理学是研究人在从事体育运动时的心理特点及其规律的心理学分支。它也是体育科学中的一门新兴学科,与体育学、体育社会学、运动生理学、运动训练理论和方法,以及其他各项运动的理论和方法有着密切的联系。

运动心理学的主要任务是研究人们在参加体育运动时的心理过程,如感觉、知觉、表象、思维、记忆、情感、意志的特点及其在体育运动中的作用和意义;研究人们在参加各种运动项目时,在性格、能力和气质方面的特点及体育运动对个性特征的影响;研究体育运动教学训练过程和运动竞赛中有关人员的心理特点,如运动技能形成的心理特点、赛前心理状态、运动员的心理训练等。

### 2. 运动心理学的发展与研究

运动心理学这个术语首先出现于现代奥林匹克运动会创始人顾拜旦的文章中。在他的倡议下,国际奥委会在洛桑召开运动心理学专门会议,它标志着该学科进入科学的行列。后来,苏联、德国、美国等国都对运动心理学方面的问题展开了一系列研究。20世纪60年代以来,运动心理学受到广泛重视,大多数国家都开展了这方面的研究工作,成立运动心理学会并召开专门会议,有关的文章和书籍也大量问世,这使这门学科得到迅速发展。

运动心理学研究的内容十分广泛,包括技能学习、竞赛心理、运动对人的意义、从事运动的动机,以及运动员之间、教练员和运动员之间、运动员和观众之间的相互关系,心理训练和运动心理治疗方法等。20世纪初期，研究的问题多集中在技能学习上，包括学习的分配、保持和迁移等，而后深入运动行为的理论方面。

自20世纪40年代以来，通过研究逐渐形成运动行为的信息程序论、层次控制论、行为系统模式论等理论学说。随着认知心理学、人格心理学、社会心理学、发展心理学以及健康心理学的发展，运动行为的研究深入与运动心理学有联系的技能学习与控制和技能发展方面。在研究方法上也从对单个动作的研究，发展到联系运动实践、提高运动效能的研究。随着运动实践的发展更进一步扩大了运动心理学的研究范围。

运动心理学的研究对象多是优秀运动员，也有青少年运动员。各国体育界近年来对运动员心理训练和运动员的心理选拔越来越重视。因为在运动水平越来越接近的竞赛中，心理因素对竞赛的胜败往往起着决定性的作用，致使心理测量和心理诊断学被广泛运用，各种心理训练方法不断出现。

由于运动心理学是一门新兴学科，所以理论体系还不完善。例如，是否应将体育心理学和运动心理学分开还存在不同看法。

20世纪80年代以来，中国结合运动实践的需要，在各体育院校、系科开设了运动心理学课程，开展了一些运动心理训练及有关心理选拔的研究，但对运动心理学的基本理论问题研究得不多。

### 3.健身运动增进心理健康的原理

运动对心理健康的影响主要源自以下三种假设。

（1）认知行为假设。参加健身运动能够促进人们积极思考，以此来削弱那些消极想法，改变沮丧和焦虑的状态。尽管不经常参加运动的人把开始运动和坚持运动视为一项艰巨的任务，可一旦他们实现了目标就会加强竞争意识，提高对自我能力的认可。对自我能力的认可与努力和坚持密不可分，这两种因素帮助参加者继续健身锻炼，并取得收获。

（2）注意力分散假设。参加健身运动可以分散人们对自己焦虑和沮丧的事情的注意力，从而使其身心大大受益。因此健身运动把人们从焦虑和抑郁的琐事中解放出来。

(3)荷尔蒙假设。健身运动之所以使人心理受益，原因是人体内的荷尔蒙分泌量增加了。荷尔蒙是大脑在刺激作用下产生的化学物质。大量的荷尔蒙可以改变人的情绪状态，加强健康感。这种健康感可以降低沮丧、焦虑和其他消极状态的程度。

一些研究认为，任何健身运动均具有以上三个方面对心理健康的积极影响，具体可以表现在以下六个方面。

(1)健身运动有助于发展智力。智力是个体圆满完成工作、学习任务的基础条件。经常参加健身运动可以使个体的注意力、记忆、观察、思维和想象等能力得到充分发展，提高活动效率，还可以使其获得良好的情绪体验，变得乐观自信、精神振奋，精力更加充沛，从而对人的智力功能具有促进作用。研究表明，一方面，健身运动能有效地促进血液循环，增强心肺功能，使大脑获取更多的氧气，给大脑的记忆和思维能力提供必要的物质保障，进而提高脑力劳动的效率。另一方面，健身运动不仅能使神经系统的兴奋和抑制过程更加有效，使其对各种刺激的反应更加迅速、准确，为智力的发展奠定物质基础，而且可以提高人的视觉、听觉、本体感觉、神经传导速度、神经过程的均衡性和灵活性，促进神经系统功能的增强。人们在学习的过程中，大脑皮层的相关区域处于高度兴奋状态，并随着学习时间的延长而产生疲劳感，导致学习效率下降。而健身运动的参与，有助于大脑皮层的相关区域形成兴奋与抑制合理交替的机制，减轻疲劳感，提高文化学习的效率。此外，个体的体质增强、身体机能水平的提高也有助于充分地挖掘与开发学习的潜力。

(2)健身运动有助于获得良好的情绪体验。情绪状态的调控能力是衡量体育锻炼对心理健康影响的最主要的指标。个体在复杂多变的社会环境中，常常会产生紧张、压抑、忧虑等不良情绪反应，健身运动可以使个体从烦恼和痛苦中摆脱出来，降低应激水平，使处理应激情境的能力增强。麦克曼等人的研究表明,经常参加健身运动的人在焦虑、抑郁、紧张和心理紊乱等方面的心理变量水平明显低于不参加运动的人,而愉快等积极的心理变量水平则明显要高一些。健身运动之所以能够调节情绪,是因为其参与者能体验到运动带来的愉快感觉。心理学家认为,适度负荷的健身运动能够促进人体释放一种多肽物质——内啡肽,它能使人们获得愉快、兴奋的情绪体验。因此参加健身运动,尤其是参加那些自己喜爱和擅长的健身运动,可以使人从中得到乐趣,振奋精神,从而产生良好的情绪体验。

(3)健身运动有助于良好的意志品质的形成。意志品质是指一个人的自觉性、果断性、坚韧性和自制力,以及勇敢顽强和独立主动的精神,是一个人行为特点的稳定因素的总和。意志品质需要在克服困难的实践过程中培养。体育锻炼者只有不断克服客观困难(气候条件的变化、动作的难度或外部障碍等)和主观困难(如胆怯和畏惧心理、疲劳和运动损伤等),才能取得成功。健身运动的参与者要努力克服主客观方面的困难,培养自身良好的意志品质。任务越困难,对个体的意志锻炼的作用越大,而良好的意志品质对于人的活动效果具有重要的意义。

(4)健身运动使自我概念更为清晰。自我概念是个体主观上对自己的身体、思想和情感等的整体评价,它是由许许多多的自我认识所组成的。例如,我是什么人、我主张什么、我喜欢什么、我不喜欢什么等,包括社会方面的自我概念和身体方面的自我概念等。其中,身体方面的自我概念包括身体表象和身体自尊。身体表象是指头脑中形成的身体图像。身体自尊主要包括一个人对自己运动能力的评价、对自己身体外貌(吸引力)的评价以及对自己抵抗能力和健康状况的评价。

自我概念、身体表象和身体自尊障碍在正常人群中是普遍存在的,报告显示,54%的大学生对他们的体重不满意。与男性相比,女性倾向于高估身高和低估体重,而且,身体肥胖的个体更可能有身体表象和身体自尊方面的障碍。身体表象和身体自尊与整体自我概念有关,无论是男性还是女性,对身体表象的不满意都会使其身体自尊降低,并产生不安全感和抑郁症状。

坚持健身运动可使体格强壮、精力充沛,因而健身运动对于改善人的身体表象和身体自尊至关重要。研究表明,运动者比非运动者具有更积极的总体自我概念;体能强的人比体能弱的人倾向于具有更高水平的自我概念和更高水平的身体概念;肌肉力量与身体自尊、情绪稳定性、外向性格和自信心呈正相关,并且加强力量训练会使个体的自我概念显著增强。因此,更强的自尊心、更高水平的身体概念和自我概念与高水平的体能状况相关。

(5)健身运动有助于形成和谐的人际关系。现代社会生活节奏的加快使人们越来越趋向封闭的状态,从而造成人与人之间感情交流缺乏,人际关系疏远。健身运动则打破了这种封闭状态,让不同职业、年龄、性别、文化素质的人相聚在运动场上,进行平等、友好、和谐的交往,使人们互相之间产生信任感,有效进行情感和信息的交流,互相之间产生一种默契和交融。研究表明,增加与社会的联系会给个体带来心理上的益处。马塞等人调查发现,外向性格者比内向性格者的社会需要更强烈,这种社会需要可以通过跳舞、球类、做操等集体性活动来得到满足。由此可见,人们可以通过健身运动来认识更多的朋友,大家和睦相处、友爱互助,这种良好的人际关系将令人心情舒畅、精神振奋。

(6)健身运动有助于消除心理疾患。社会竞争的日益加剧和生活压力的加大可能会使许多人产生悲观、失望的情绪,进而导致忧郁、孤独、焦虑等各种心理障碍的产生。如果人们参加某个运动项目并坚持锻炼,那么他的生理技能、身体素质将会得到改善,也会掌握并发展一些运动的技能和技巧。由此,个体会以自我反馈的方式传递其成就信息至大脑,从而获得自我成就的认知和情感体验,进而产生愉快、振奋和幸福感。因此,健身运动能使有心理障碍的个体获得心理满足,产生积极的成就感,从而增强其自信心,摆脱压抑、悲观等消极情绪,并消除心理障碍。许多国家已将健身运动作为心理治疗的手段之一。美国的一项调查显示,1750名心理医生中,80%的人认为健身运动是治疗抑郁症的有效手段之一,60%的人认为应将健身运动作为一个治疗手段来消除焦虑症。临床研究表明,通过参加一些如慢跑、散步、徒手操等身体练习能有效地减轻焦虑和抑郁症状,增强自信。除此之外,有关健身运动的心理治疗效应还反映在对精神分裂症、酒精和滥用药物的研究等方面。就目前而言,这些心理疾病的病因和健身运动有助于治疗心理疾病的基本机制都未完全知晓,但健身运动作为一种心理治疗手段在国外已经开始流行起来。在学生群体中,他们通过健身运动可以减轻或消除由于学习和其他方面的挫折而引起的焦虑和抑郁等症状,为不良情绪的宣泄提供了一种合理有效的手段,进而防止心理障碍或疾病的发生。

总之,进行健身运动不仅能有效地促进智力的发展、调节情绪、培养良好的意志品质、增强自我概念、改善人际关系,还能增进心理健康,使个体发挥最优的心理效能。

## 二、社会不同群体的健身方法研究

### (一)不同年龄群体的健身方法指导

#### 1. 5~17岁:每天60分钟中强度运动

少年儿童身体正处在生长发育时期,心血管系统的重要器官——心脏还没有发育成熟,因此在体育锻炼中应对大强度、激烈的运动加以控制,时间不要过长,应选择具有灵活性、协调性及速度性方面的运动项目,如跑步、游泳、篮球、乒乓球、足球、排球等。由于少年儿童的骨骼与肌肉还处在生长发育阶段,肌纤维横径还不够粗,力量素质相对较弱,在进行器械力量锻炼时,要注意掌握好适宜的负荷,应以中小负荷为主。

5～17岁的人应该每天累计至少做60分钟中等强度到较大强度的体力活动。60分钟以上的体力活动可以提供更多的健康效益。日常体力活动以有氧运动为主，每周至少应进行3次较大强度的体力活动，包括强壮肌肉和骨骼的活动。这就是说，对于少年儿童，活动不要太温和，强度要大一点，不能做到每天1次，至少也要每周有3次。增强肌肉的活动主要是力量练习，增强骨骼的活动主要是撞击力的运动。比如，走路对脚底的撞击力就不如跑步大。而且户外运动时紫外线照在皮肤上，皮肤内的维生素D前体物质就容易转化成维生素D，促进钙的吸收。

### 2. 18～64岁：每周150分钟有氧运动

中青年可以根据自身的条件和爱好来选择健身运动项目。中青年人由于休闲时间较少，因此健身时来去匆匆。有的人刚开始锻炼就有很大的强度和密度，这是不科学的健身方法，不仅容易造成肌肉和关节软组织损伤，而且会对人体的心血管系统造成损害。因此，健身时首先要做一些准备活动，如慢跑、做柔韧体操等。另外，中青年的运动健身项目要多样化，可多选择球类、游泳、韵律体操等全身性运动项目，这样能使身体机能和素质得到全面提高。

18～64岁的人每周至少做150分钟中等强度的有氧运动，或每周至少做75分钟较大强度的有氧运动，或中等和较大强度两种组合的有氧运动。对年轻群体，推荐较大强度的有氧运动；对体质弱一点的人、刚开始运动的人或年龄大的人推荐中等强度的有氧运动。每周150分钟，可以每天30分钟，每周锻炼5天。每天30分钟最好一次完成。如果没时间，也可以每次锻炼10分钟，累计30分钟。为获得更多的健康效益，要达到每周150分钟的有氧运动，每周至少有两天进行大肌群参与的强壮肌肉活动。

### 3. 65岁以上：每周3天练平衡

老年人如若健身方法不当，其健身效果将不理想，甚至会事与愿违。老年人进行体育健身活动的一个重要原则是"因人而异,循序渐进,持之以恒"。健身初期运动量不宜过大,经过一段小运动量健身后,若身体感觉适应了,再适当增加运动量;若身体感觉不佳,一定要及时调整,减少运动强度和时间。老年人进行体育健身活动的另一个重要原则是要进行有氧运动,即运动自始至终以有氧代谢为主。这就要求运动强度不大,动作柔和缓慢,呼吸畅通,不感到憋气和心慌。散步、慢跑、打太极拳、健身舞、交谊舞等都是比较适合老年人的有氧健身项目。有游泳爱好的老年人也可以坚持这种健身项目。需要强调的是,老年人不适宜进行力量训练,如一些重器械的负荷练习或身体悬垂向上的力量练习。这类运动将引起血压急剧上升、心脏和大脑缺氧,会对老年人的心脑血管造成伤害。只要身体条件允许,老年人坚持每日健身是非常必要的。

老年人与成年人的运动建议基本是一致的。活动能力比较差的老年人,每周至少应该有三天做提高平衡能力和防止跌倒的活动。因为随着年龄的增长,肌肉变得比较弱,一些骨关节疾病的发病率也提高了,再加上一些慢性病,平衡能力就比较差。所以预防老年人跌倒是运动科学中非常重要的内容。老年人每周至少应有两天进行大肌群参与的强壮肌肉活动。有些老年人因为体质弱或疾病不容易达到推荐标准。对于他们来说,动比不动好,多动比少动好,在自己能接受的范围内,还是适当多做运动。对于一些坐轮椅的老年人,多做一些上肢运动也是可以的。

### (二)不同性别群体的健身方法指导

### 1.男女身体差异

(1)男女激素水平造成肌肉不同。肌肉,人体的任何运动都是骨骼肌收缩的成果。而男女的激素水平不同造成男女肌肉的形状、大小也很不一样,可以直观感受一下。

人体内同时存在着雌雄两种激素,只是男性以雄性激素为主,女性以雌性激素为主,正常情况下,两种激素比例是平衡的。

在运动领域,雄性激素确实可以增加肌肉的体积、力量和持久力,也可以刺激血红蛋白的合成,从而提高血液携带氧气的能力。这也是很多奥运会上优秀的女性运动员,她们的身材、脸型具有一些男性特征的原因。

女性的肌肉中慢肌纤维比例明显高于男性,这种肌纤维的收缩速度慢,力量小,但能持续很长时间。换言之,女性区别于男性的激素水平和肌肉纤维,使其更加适合较长时间以及较大运动量的训练方式。

(2)男女脂肪水平不同。

①体脂肪量不同。女性的体脂率为18%时就能清晰地看到马甲线,如果是15%再加上适当的腹部训练基本上就可以练出腹肌了。

国外的文献指出,维持月经正常的体脂率至少为17%,维持女性繁殖能力的体脂率至少为22%。当然,这里面存在一个东西方人种差异性的问题,这个数值不一定适用于中国女性,但也大概可以说明问题了。

相比男性动不动低于10%的体脂率,女性的体脂率比男性高出10%,因为脂肪是用来产生和储存雌激素的。女性自身的生理构造、内分泌系统决定了其体脂率必须在9%~12%,而男性的体脂率在2%~4%。

女性的体脂水平过低会出现很多健康问题。月经不规律就是其中一个最大的问题——无论是节食还是过量运动,短时间内迅速地改变人体的热量都有可能导致暂时性的闭经,这是一种天然的生理保护机制,机体在察觉到热量的短缺和营养的摄入不足后断定,如果此时进行受孕行为一定会对母体和胎儿不利,所以自动关闭了这一功能。所以下次当女性不来月经的时候,除了怀孕,还有运动过量或者减脂过度的可能。

②体脂分布也不同。女性脂肪大多沉积在胸部、腹部和臀部等,

保护女性身体器官的同时构成女性特有的身体美学。

因为女性的体脂率以及脂肪堆积分布与男性明显不同,所以在运动健身减脂的方式、方法上与男性也存在较大不同。

### 2. 男女训练差异

(1)训练方式不同。简单总结就是:

①男性的要领为"大重量、低次数、高组数";

②女性的要领为"低重量、高次数、高组数";

③女性应该少做些高强度爆发力训练。

高强度爆发力训练有很多,如一次性怒举大重量、短距离冲刺等。女性的神经系统没有男性的有效率,所以就算女性有较佳的耐力,她们的爆发力也比男性的低。

因为肌肉纤维具有差别(前面说过的慢肌纤维),所以在同一种强度的运动中,比起男性,女性更能忍受疲劳,可以做更多次的练习。另外,在组与组的训练之间,女性不需要那么多的休息时间,一方面是因为女性单次训练的强度或者重量比男性低,另一方面是因为女性忍耐疲劳的能力比较强。一般男性需要休息1分钟,女性可能只需要45秒就足够了。

(2)具体训练动作不同。男性健身主要是围绕力量训练来进行的,而女性相较于男性来说不需要发达的肌肉和分明的肌肉线条,所以女性的健身计划里不需要大重量的力量训练和非常细分的局部肌肉的训练。女性的健身计划应当围绕着胸、腹、背、手臂以及臀腿,以这些人体大肌肉群的训练为主。这些训练可以使女性的身材凹凸有致,更能体现女性线条的柔美。

因为女性在下肢力量上与男性差距较小,所以下肢的训练方法,无论是练腿的还是练臀的动作,男女几乎都是相似的。

但是女性的上肢力量却不到男性的一半,甚至更低(25%～35%),所以女性在训练上肢的动作上是有明显差异的。具体说,就是背、上肢、胸。

# 第三节 全民健身体系实践研究

## 一、构建新时期全民健身服务体系的改革对策

### (一)更新体育观念,增强体育意识

体育意识是指人们对体育及其重要性的认识以及由此产生的思想观念、心理活动的总和。在未来全民健身服务体系的建构过程中应注重在理论指导中结合科学发展观,更新体育观念,增强群众体育意识;形成体育健身是获得健康,促进自身全面发展,提高社会适应水平的科学的生活方式的新型体育观。

### (二)转变政府管理职能,建立新型运行机制

政府管理职能的转变关键在于社会体育组织的发育和发展,社会体育组织的发育和发展又在于政府"管办分离""权力下放",两者之间相辅相成,形成互动。国家应当制定更为科学与合理的法规规范社团的管理与发展,促进体育社团等组织实体化,鼓励体育组织大力发展并在全民健身事业中发挥实体作用,激发社会体育组织的活力,为全民健身事业的组织做出贡献。

### (三)加强政策法规建设,完善全民健身计划

《体育法》及《全民健身计划》等政策及法规的颁布是保证全民健身在整个体育工作中的地位的基础。完善的政策与健全的法律是构建与完善全民健身工程的重要保证。1995的颁布的《全民健身计划》作为第一部全民健身工作的施政纲领,在全民健身工程的实施中有着重大意义。

### (四)加大全民健身资金投入,调整指导员人才培养模式

当前社区体育健身资金来源有限,政府拨款和私人集资是社区全民健身活动经费的主要来源,这和体育事业长期依赖国家拨款的

旧体制有关系。在改革中应加大体育彩票公益金在体育健身方面的支出以及比重,在减轻政府财政拨款负担的同时加大对健身的投入,并逐渐向个人和社会共同兴办的全民健身活动的方向转换。在人才队伍培养上,应依据居民需求,合理调整人才培训内容,寻求一个培养出高质量,适合群众体育需求的人才培养模式。由政府部门申请部分体育彩票公益金设立专项基金,作为培养社会体育指导员专用。

## 二、全民健身体系中存在的问题

### (一)主体单一,缺乏积极性

全民参与的健身公共体系是由政府为主导的,在计划经济的影响下,政府作为公共服务中的主体,一方面是服务中的组织工作者,另一方面又是生产者,将社会各个行业的力量聚集到服务的供给中。当前,国家对组织政策的要求逐渐放宽,支持社会各界的力量参与社会建设。虽然我国的不少地区在引导群众力量方面有一定的突破,但是与理想中的构建还有一定的差距。

与就业、社会保障以及关乎民生的社会政策相比,全民健身的受重视程度明显不够。一些基层的政府机构对全民健身表现出了相当的积极性,但是脱离实际。有些基层政府虽然在全民健身方面投入了不少精力,提升了服务体系的水平,但是重视的程度不足,健身水平的提升有限。

### (二)理论认知不足,体系构建亟待完善

城乡一体化作为我国全民健身服务体系中的重要因素之一,在实施过程中,往往因为人们对相关理论认识和理解得不透彻而落实不到位。例如,苏州市全民健身公共服务体系建设以公共服务理论、系统理论和城乡一体化理论为理论基础,以实现全民健身公共服务均等化和城乡一体化为目标,树立"民生体育""公共体育"和"全民体育"理论,坚持公益性、基本性、均等性和便利性原则,历经摸底起步、探索推

进和系统建设三个阶段,建设内容包含全民健身公共服务体系和全民健身公共保障体系,建设成就显著。但同时,苏州市全民健身公共服务体系建设同样面临建设主体单一、基层政府重视不够、理论认识尚有不足、内容不够充实、全民健身公共保障体系还不健全等问题。

### (三)公共服务体系的不健全

全民健身包含健身组织、健身活动、健身指导、建设设施等几方面,这几方面目前都存在着一定问题。比如,场地构建不足、设备的利用率不高、体育场馆的社会开放率远远达不到预计状态。从全民健身组织来看,人才队伍的构建数量不足,尚未发挥最好的组织功能,而健身体系方面的业务能力差别很大,尚未进行常态化的监督。从全民健身活动方面来看,若是真正重视全民健身活动,就需要充分利用手机、计算机等媒介,而当前的信息来源单一,需要构建好互动平台。

当前从全民健身管理来看,很多基层政府对健身的重视程度不够,人才的建设相对匮乏,整体素质不高。从健身的资金投入来看,财政拨款有限,经费多置于全民健身体系的构建中。社会的参与程度不高,政策规范化文件不够,制度不完善,组织的影响力不足,这些都影响了全民健身的经费投入。

## 三、如何构建全民健身体系

### (一)完善健身服务与保障体系

全民健身体系的构建主要是为了构建服务体系的框架,加快建设体育设施,充分利用各类场所,弥补此前场地建设的不足,根据开放的对象一同参与管理。全民健身体系的构建需要强化人才队伍,帮助基层进行全民健身,缓解此前人才不足的情况,然后加大体育指导员的服务、培训力度,吸收有心参与社会服务的志愿者,为志愿者提供必要的安全保障以及物质支持,强化两者的交流学习。全民健身体系的构建需要拓宽信息传播渠道,利用电台、报纸等途径,传播健身知识,及时发布健身信息,为各大健身爱好者提供良好的健身平台。

在全民健身体系的构建中,首先,需要健全组织领导作用,强化健身组织机制,将健身中的各种问题纳入社会发展规划中,将这项惠民工程与文化、体育、卫生、旅游等相结合,推动健身事业的发展。其次,全民健身需要保证财政拨款,设立专项资金,通过社会各界的融资以及集资鼓励社会捐助,给予个人相关的税收优惠,及时发现公共体系中存在的问题,并且构建科学合理的评价机制。

### (二)创新全民健身体系

全民健身体系的构建需要政府的参与,将个人、企业以及政府的力量集中,发挥各自的优势以及作用。首先,需要制定相应的政策,通过税收优惠,发挥企业的灵活性,重视全民健身组织活动的培养,及时进行自我完善、自我监督,构建多元化的健身体系。其次,在全民健身体系的构建中,还需加强宣传教育,全面贯彻国家的政策要求,将全民健身纳入政绩要求,强化社会监督,充分利用社会各个平台进行宣传。

### (三)促进城乡发展与建设

城乡在全民健身体系的构建中缺乏必要的交流,而实现城乡一体化需要保证城乡健身服务机会均等。首先,需要保障城乡居民的权力均等,按照《中华人民共和国宪法》等相关法律的规定,贯彻落实体育专项制度,同时加强地区全民建设的法规政策制定,使得城乡居民能够获得平等的健身权利。其次,保证全民健身机会平等,统筹城乡服务体系的建设,使得居民拥有交流的机会,加强信息活动等方面的互动交流,推进健身服务的均等,实现全民一体化健身。

## 四、完善全民健身公共服务组织管理体系的研究

### (一)完善政府的支持体系,进行多部门联动

政府在工作过程中需要强有力的支持和保证,通过多部门的交

流和共同思考、反馈,才会使管理体系更加完善。财政部门、体育部门、法制部门、筑建部门、文化部门多部门联合整理和讨论,会使监督更加便利、专业,使管理更加综合、全面,同时,全民健身公共服务组织管理会更有效率。

### (二)进一步加大科普力度

使居民更加自觉地运动及加强对全民健身器材的保护意识。一方面,需要相关行业权威人士在电视、新闻、报刊、工具使用推送中更多地对相关知识进行说明,借此引起更多受众的广泛关注,使更多的人通过媒介接受这些管理条例及科学性常识;另一方面,可以通过以社区、村庄为单位的宣讲使公众了解到全民健身器材的使用、保护和相关条例,教育公众有更加科学、合理的意识形态。

### (三)资金方面,可以采用竞投、众筹等多种方法进行筹集和应用

用多元的方式进行资金筹集,会使全民健身公共服务组织管理体系有更加坚实的物质保障,让更多的企业或相关的组织参与到建设过程中来,进而直接影响到公共健身器材的数量和质量,进一步保证相关体育器材的质量安全,使全民健身公共服务组织管理体系更加多元和健康。

### (四)对体育信息的发布及传播进行严格的管控,使更多居民拥有健康的健身理念

现阶段体育已经出现商业化趋势,且此趋势愈演愈烈,一些竞技类的、偏娱乐类的体育运动成为当下许多公众追捧的对象,这样容易形成错误的观念,不利于人们身心健康的发展,因此对体育信息的严格审核和管理极为关键,有关部门应该对体育信息进行进一步的筛选和管理,使更多的公众能够有健康的生活理念和运动观念。

## 五、全民健身指导体系建设

### (一)建立国民体质健康水平检测和健身指导体系的必要性

#### 1. 国民体质健康关乎国家和每个人的切身利益

毋庸置疑,国民体质健康关乎国家和每个人的切身利益。国民是国家的重要组成部分,其能够进行各种经济政治活动,促进国家经济的不断发展,促使国家富强,四邻友好;国民还能够保家卫国,保证国家和民众的安全。而这一切都建立在国民体质健康的基础上。身体是革命的本钱,只有体质健康了,国民才能无虑地做任何事情,为国家贡献自己的一份力量,促进国家的发展富强。如果国民无暇进行体育健身,体质水平直线下降,健康无从保证,那么民众就自顾不暇了,又何谈报效国家呢?同时,国民体质水平的整体下降也会对经济活动和军事力量造成重大损伤,这不仅不利于国家综合国力的增强,也不利于国家的安全。因此,建立科学完善的国民体质健康水平检测和健身指导体系是非常必要的,它与国家和每个人的切身利益息息相关。

#### 2. 我国国民体质呈下降趋势

近年来,我国国民体质健康水平呈下降趋势,情况令人担忧。随着改革开放的进行,我国经济迅速发展,人民生活水平提高,体力活动也逐渐减少。由于劳动量减少,人民又疏于体育健身和锻炼,国民的体质健康水平正在不断下降。国民生活的改善是好事,但是缺乏体育健身,身体素质下降就不是好事了。这种状况不利于国民的身体健康,从长远来看.还会影响其生活和工作。因为国民的重视不足,外加体制和管理制度不健全,这种国民体质水平下降的状况正在不断蔓延和加剧,急需得到关注和解决。因此,建立科学完善的国民体质健康水平检测和健身指导体系是非常必要的,也是迫在眉睫的。

### 3.国民体质健康数据能够为教育、医疗和科研提供参考信息

定期和准确地获得和分析国民体质健康数据,不仅能够及时有效地为教育提供参考信息,还有利于医疗和科研的进行。建立完善的检测体系,就能够及时掌握国民体质的健康数据,根据国民体质的状况及时提醒民众,通过合理有效的教育促使国民重视自己的身体状况,并有针对性地进行体育锻炼,及早消除健康隐患,确保身体健康。国民的体质健康数据还能使医生有效地预测可能发生的健康问题,从而尽早提醒国民注意和解决。同时在医生治病时,也能提供有效参考,促使医生更加准确地治病开药。国民的体质健康数据还能为科研提供最新的参考信息,促进科研的进行,从而研发出先进的医疗方法。因此,建立科学完善的国民体质健康水平检测和健身指导体系是非常必要的,对于教育、科研和医疗的发展有着促进作用。

## (二)建立国民体质健康水平检测和健身指导体系过程中遇到的问题

### 1.资金缺乏

建立和完善国民体质健康水平检测和健身指导体系(以下简称国民健康体系)需要巨大的人力和财力投入。各地的经济发展状况和人口分布都有所不同,国家统一给出的资金难以满足不同城市的资金需求。建立国民健康体系需要很多的资金来源,然而主要来源是国家给予的经费,这很难满足体系建立的资金需求。这种资金需求大、资金来源少的状况导致经费紧张,人才和技术设备不足,国民健康体系的建立举步维艰。

### 2.观念上不重视

部分民众认为身体健康是自己的事,自己最了解,不需要什么体质,这种对体质健康的轻视也不利于建立国民健康体系。民众对体质健康的怀疑和忽视,致使其不愿意接受检测,从而导致难以取得所

有国民的体质健康数据,不仅不利于民众的个人健康,还阻碍了国民健康体系的建立和完善,同时也不利于整体国民体质健康水平的提高。同时,部分民众的不理解致使难以取得更多的经费来源,资金无从保障,同样对国民健康体系的建立形成了阻碍作用。民众的忽视还不利于国民健康体系建立后的推广,阻碍健康教育的进行,对于民众健康和体育健身的指导也容易形成不良影响。部分民众对体制健康的重视度不够也是必须解决的问题。

### 3. 国民健康体系辐射范围过窄

国民健康体系辐射范围过窄,不仅不利于建立和完善国民健康体系,同时也不利于国民健康体系充分发挥其作用,不利于真正提高国民的体质健康水平。由于资金、技术和人才等因素的限制,国民健康体系不能涵盖所有的地方,这就导致不是每个地区都可以被顾及。同时,国民健康体系没有覆盖各个年龄阶段的人群,覆盖范围小,致使数据不全面,无法有针对性地指导各个年龄阶段的人群。另外,国民健康体系的建立虽然获得和存储了数据,但是并没有进行有效的管理、分析和指导,致使国民健康体系建立不全面,无法有效利用数据。由此可知,国民健康体系辐射范围要扩大。

### 4. 缺乏大数据分析软件

建立和完善国民健康水平体系,就是为了获得国民的体质健康数据,然后进行科学有效的分析,从而指导国民进行针对性的体育健身,提高自身身体素质,提高国民整体体质健康水平。同时通过有效的数据分析,能够为科研和医疗提供参考信息和指导。然而,在国民健康体系建立的过程中却缺乏大数据分析软件。由于技术能力不足、专业人才有限、资金供给不足等,一些先进的大数据分析软件并没有被开发和采用,这就致使数据分析缺乏科学性和先进性,这种技术上的硬伤对于国民健康体系的建立和投入使用是非常不利的。它不仅使体系的建立缺乏技术支持,同时也难以真正有效地获得和使用数据,很可能导致国民健康体系的建立有名无实。

### (三)建立国民体质健康水平检测和健身指导体系的对策

#### 1. 多渠道吸引资金投入

国民健康体系的建立需要专业的人才、设备和技术,这就决定了我们必须具备大量的资金。如果国民健康体系的建立和投入运作仅凭国家的经费供给,那么是难以满足资金需求的。因此,在国民健康体系的建立过程中,要多渠道吸引资金投入,有效解决资金不足的问题。在国家的经费拨款之外,应当吸引有意向的企业和个人投入资金,从而增多经费的来源渠道,也有利于国民健康体系的推广。在国民健康体系的建立过程中,合理使用国家经费供给,多渠道吸引资金投入,形成更完善的资金投入体系,促进国民健康体系的顺利建立。

#### 2. 推广和宣传体质健康的重要性

国民健康体系的建立,能够及时获得和更新国民的体质健康数据,通过有效的分析指导国民更加科学地进行体育健身,可以促使国民更具有针对性地健身和改善自身体质健康水平。因此,应当通过各种方式宣传和推广体质健康的重要性,促使国民重视国民健康体系的建立,并积极参与其中。可以观看专门的体质健康的演讲,通过生动科学的演说促使民众正视体质健康。同时也可以在社区宣传栏里张贴有关体质健康的国家政策和相关法规,促使民众从法律角度认识和了解体质健康。除此之外,还可以通过报纸、电视、网络等媒体进行宣传和推广,引导民众重视体质健康,促进国民健康体系的建立。

#### 3. 建立和完善体系管理机制

为了促使国民健康体系充分发挥其作用,应当建立和完善体系管理机制,使管理机制符合经济和社会发展的需求,促使体系正常运作。在建立管理机制时,应当选择更具才能的领导人员,促使体系的管理团队更加合理和优化。同时管理机制的建立应当涵盖体系的方方面面,使其更加健全,达到管理无遗漏。还要制定科学合理的行为规范,保证工作人员严格遵守,推动管理的有效进行,促进管理机制的建立和完善。

### 4. 加强技术投入

加强技术投入是建立和完善国民健康体系的必然要求。引入专业人才,能够帮助开发先进的数据分析和管理软件。加强技术投入,可以培养更多的专业人员,让他们更加科学地指导和教育国民关注健康和改善体质健康水平。除此之外,加强技术投入,还可以帮助建立科学的网上管理体系,更加及时和方便地管理和更新数据,确保数据的正确有效。因此,建立国民健康体系,要加强技术投入。

# 参考文献

[1] 彭玉林.大学生运动与健康促进研究[M].北京:中国经济出版社,2017.

[2] 武文杰.健康中国背景下运动健康促进的理论与方法研究[M].北京:中国水利水电出版社,2019.

[3] 王金花.健康中国与全民健身的融合发展研究[M].北京:北京理工大学出版社,2018.

[4] 周多奇,王永.有氧运动与健康[M].合肥:中国科学技术大学出版社,2016.

[5] 贺道远,宋经保.运动健身理论与方法[M].武汉:武汉大学出版社,2018.

[6] 邱远,刘柏青.中国建构运动健康型社会的研究[M].北京:北京理工大学出版社,2019.

[7] 杨晓青.我国高等教育的发展规模和速度问题研究[M].北京:高等教育出版社,2009.

[8] 中国健康促进与教育协会.健康促进理论与实践[M].上海:上海交通大学出版社,2009.

[9] 王柳行,曹志友.健康教育与健康促进教程[M].北京:中国中医药出版社,2009.

[10] 姜晓飞.体育与健康[M].2版.北京:人民卫生出版社,2017.

[11] 安丽娜.体育与健康教程理论研究[M].北京:中国纺织出版社,2016.

[12] 赵林,姬伟民.体育与健康[M].上海:上海交通大学出版社,2016.

[13] 连三彬,符谦,姜鑫.体育与健康[M].上海:上海交通大学出

版社,2016.

[14] 黄凯斌. 健康中国——国民健康研究[M]. 北京:红旗出版社,2016.

[15] "健康中国2030"规划纲要[M]. 北京:人民出版社,2016.

[16] 刘同员. 体育健身原理与方法[M]. 武汉:湖北科学技术出版社,2000.

[17] 刘胜,张先松,贾鹏. 健身原理与方法[M]. 武汉:中国地质大学出版社,2010.